Isabella Draxler

Amokläufe an Schulen

Ursachen sowie Maßnahmen zur Prävention und Intervention

Bibliografische Information der Deutschen Nationalbibliothek:

Die Deutsche Nationalbibliothek verzeichnet diese Publikation in der Deutschen Nationalbibliografie; detaillierte bibliografische Daten sind im Internet über http://dnb.d-nb.de abrufbar.

Impressum:

Copyright © Studylab 2019

Ein Imprint der GRIN Publishing GmbH, München

Druck und Bindung: Books on Demand GmbH, Norderstedt, Germany

Coverbild: GRIN Publishing GmbH | Freepik.com | Flaticon.com | ei8htz

Vorwort

Für alle jungen Menschen, die jemals durch eine tödliche Waffe ihr Leben verloren haben oder verletzt worden sind.

„Bowling for Columbine" wird nie aus meinem Gedächtnis verschwinden, genauso wenig wie die Berichte über den Amoklauf von Erfurt. Die entsetzliche Gewalt und die darauffolgende Angst und Verunsicherung hat vielen Heranwachsenden das genommen, was einmal ihre Kindheit war. Vorfälle wie diese haben mich zutiefst berührt: Die Gewalt hat mich bestürzt und nicht mehr losgelassen.

Doch meine Bestürzung war stets von Ratlosigkeit und hilfloser Verwirrung begleitet. Denn wie viele andere Menschen konnte ich nicht umhin, mich zu fragen, was die oft so jungen Täterinnen und Täter zu solch entsetzlichen Handlungen getrieben hat. Wie immer, wenn schreckliche Dinge passieren, haben wir das Bedürfnis nach einer Person, einem Umstand oder einer Sache, der bzw. dem die Schuld gegeben werden kann. Doch das niedrige Alter der Täterinnen und Täter und der Kontext der Taten hindern mich daran, den handelnden Personen selbst die Alleinschuld zu geben, und motivieren mich, das komplexe System wechselwirkender Einflussfaktoren zu ergründen.

Klar ist für mich in jedem Fall, dass die Öffentlichkeit, die Schule und die Schulsozialpädagogik eine Mitverantwortung haben, weshalb unsere Anstrengungen darauf gerichtet sein müssen, solche Gewaltausbrüche mit allen Mitteln zu verhindern. Ich möchte mit dieser Arbeit die Aufmerksamkeit darauf lenken, dass die Sicherheit an unseren Schulen Priorität für *uns alle* haben muss.

>>Die Schüler auf den Fluren kreischten vor Entsetzen, und Chaos brach aus, als sie erkannten, dass nun auch sie eine zunehmend vertraute Szene erlebten: einen Schüler mit einer Waffe.<<

USA TODAY, 21.05.99[1]

---

[1] cit. Rhue, Morton, 2012, S.6

Abstract

Da die Vermeidung schulbezogener Amokläufe nur möglich ist, wenn umfassendes Wissen über Ursachen dieser sowie über entsprechende Präventionsmaßnahmen besteht, wurde eine systematische Analyse der Fach- und Forschungsliteratur umgesetzt. Verursachende und auslösende Faktoren sind zum einen struktureller Natur, so z.B. der einfache Zugang zu Waffen, die Verbreitung von gewalthaltigen Medien, die Akzeptanz von Gewalt in der Gesellschaft und der unvorsichtige Umgang der Medien mit vergangenen Gewalttaten, wodurch Nachahmungstaten wahrscheinlicher werden. Zum anderen spielen jedoch auch individuelle, z.B. persönlichkeitsbezogene oder psychopathologische, Aspekte und das soziale Umfeld der betreffenden Personen, z.B. in Schule oder Familie, eine große Rolle. Da sich die Wut der Täterinnen und Täter vorrangig gegen die Institution Schule richtet, sollten Präventionsmaßnahmen auch genau hier ansetzen und z.B. auf eine Verbesserung des Schulklimas, den Abbau von Mobbing und die Vermittlung von sozialen Kompetenzen abzielen. Dennoch ist Schulpersonal auch auf den Ernstfall vorzubereiten: Weiterbildungen sollten dieses darin schulen, Warnhinweise zu erkennen und in einer Krise schnell und zielführend zu reagieren.

Inhaltsverzeichnis

Vorwort III

Abstract IV

1 Einleitung 1

2 Amok, Amokläufe, School Shootings – Konzeptualisierung und Definition 3

3 Prävalenz und Vorkommen schulbezogener Amokläufe 9

4 Verursachende und auslösende Faktoren 12

    4.1 Der gesellschaftlich-strukturelle Rahmen 13

    4.2 Individuelle Einflussfaktoren 20

    4.3 Der Einfluss der sozialen Situation 25

5 Vorbeugung 30

    5.1 Primäre Prävention 30

    5.2 Sekundäre Prävention 34

    5.3 Tertiäre Prävention 36

6 Diskussion und Handlungsempfehlungen 40

7 Zusammenfassung 45

Anhang 47

    Quellenverzeichnis 47

    Abbildungsverzeichnis 55

    Tabellarischer Überblick über dokumentierte School Shootings 56

1 Einleitung

Grundsätzlich ist die Schule einer der sichersten Orte, an dem sich Heranwachsende aufhalten können (vgl. Horn, Hanna, 2012, S.38). Doch obwohl schulbezogene Amokläufe äußerst selten sind, sind ihre Folgen gravierend. Aufgrund des oftmals jungen Alters der Täterinnen, Täter und Opfer sowie der Willkür der Gewalt sind diese Delikte stark emotional besetzt und lösen Schock, Ratlosigkeit und Wut aus. Das Bedürfnis der Angehörigen ebenso wie der Öffentlichkeit nach Antworten ist daher naturgemäß groß: Schnell werden, in oftmals polemischer Weise, „Schuldige" identifiziert, woraufhin prophylaktische Maßnahmen ergriffen werden, die häufig weder theoretisch noch empirisch begründet sind (vgl. Adler, Lothar, 2009, S.17; Bödecker, Florian, 2004, S.83ff). In den USA ging dies etwa so weit, dass versucht wurde, Amokläufe durch die Wiedereinführung der Schulgebete oder die Anordnung, Lehrkräfte müssten mit „Madam" oder „Sir" angesprochen werden, um dadurch Respekt quasi zu verordnen, zu verhindern (vgl. Aronson, Elliot, Wilson, Timothy D., Akert, Robin M., 2008, S.382).

Tatsächlich effektiv gegen schulbezogene Amokläufe vorzugehen ist jedoch nur möglich, wenn Ursachen und Wirkmechanismen hinlänglich verstanden werden. Die vorliegende Arbeit orientiert sich daher an folgenden forschungsleitenden Fragen:

- Was macht schulbezogene Amokläufe aus? Wie häufig kommen diese vor?
- Wodurch wird das Auftreten schulbezogener Amokläufe beeinflusst? Welche Faktoren auf der Mikro- ebenso wie auf der Makroebene haben einen verursachenden oder auslösenden Effekt?
- Welche der verursachenden oder auslösenden Faktoren können beeinflusst werden? Wo liegen daher Möglichkeiten zur Prävention von schulbezogenen Amokläufen? Wie gestaltet sich eine effektive Intervention?

Die Informationen zur Beantwortung der Fragen entspringen der Fachliteratur, wobei Datenbanksuchen durch manuelle Suchen ergänzt wurden. Gezielt wurden auch wissenschaftliche Journals als Quellen praxisnaher und aktueller Einblicke herangezogen. Die Auswertung der Publikationen erfolgte themenanalytisch-hermeneutisch (vgl. Froschauer, Ulrike, Lueger, Manfred, 2009, S.11ff), unter quellenkritischem Einbezug des jeweiligen Kontextes.

Die Analyse der Fach- und Forschungsliteratur wurde durch die systematische Sammlung von sämtlichen, in deutsch- und englischsprachigen Print- und Onlinezeitungen auffindbaren Artikeln zu schulbezogenen Amokläufen der letzten 20 Jahre (1997-2016) ergänzt. Die Informationen wurden ausgezählt, kategorisiert und deskriptiv-statistisch dargestellt. Darüber hinaus wurden die Inhalte der Artikel aus Online- und Printzeitungen, aufgrund der geringen Validität, nur zur Illustration von Fallbeispielen herangezogen.

Die Basis der vorliegenden Arbeit bildet die definitorische und konzeptuelle Darstellung des Phänomens schulbezogener Amokläufe: Das nachfolgende Kapitel 2 gibt Einblick in die zentralen Merkmale von Amokläufen sowie, spezifischer, von schulbezogenen Amokläufen, grenzt diese Delikte aber auch gegenüber ähnlichen Gewalttaten ab. Daraufhin wird in Kapitel 3 auf die Prävalenz der School Shootings eingegangen, wobei auch geografische Unterschiede und Veränderungen im Zeitverlauf diskutiert werden. Kapitel 4 stellt ausführlich die wechselwirkenden Ursachen und Auslöser schulbezogener Amokläufe auf der gesellschaftlich-strukturellen, der individuellen sowie der sozialen Ebene dar. Hierauf aufbauend beschreibt Kapitel 5 Möglichkeiten der primären, sekundären und tertiären Prävention dieser schweren Gewaltdelikte. Der Fokus liegt dabei auf solchen Präventionsmaßnahmen, auf die Sozialpädagoginnen, Sozialpädagogen und Schulpersonal unmittelbar Einfluss haben können, während z.B. Strategien, die vonseiten der Politik ergriffen werden müssten, ausgeklammert werden. Die Aufarbeitung der Literatur mündet schließlich, in Kapitel 6, in der Formulierung konkreter Handlungsempfehlungen, die geeignet erscheinen, um die dargestellten Ursachen schulbezogener Amokläufe zu bekämpfen, und, in Kapitel 7, in einer kurzen Zusammenfassung.

2 Amok, Amokläufe, School Shootings – Konzeptualisierung und Definition

Obwohl terminologisch nicht unumstritten, wird im Folgenden von der, im Fachdiskurs am weitesten verbreiteten, Definition eines School Shootings als besondere Form eines Amoklaufes ausgegangen, die sich die Mindestkriterien mit diesem teilt, aber zusätzlich einige Besonderheiten aufweist (vgl. Bannenberg, Britta, 2010, S.7ff; Burgess, Ann W., Regehr, Cheryl, Roberts, Albert R., 2011, S.183ff; Faust, Volker, 2016, S.159ff; Horn, 2013, S.7ff; Scheithauer, Herbert, Bondü, Rebecca, 2011, S.11ff). Synonym wird daher der Begriff des schulbezogenen Amoklaufes verwendet.

„**Amok**" geht dabei auf die malaiische Bezeichnung „meng-amok" zurück, was grob als „in blinder Wut angreifen" übersetzt werden kann (vgl. Imbusch, Peter, 2010, S.266). Auch gemäß dem Diagnose-Code F68.8 im Diagnosemanual ICD-10[2] der WHO[3] meint Amok eine willkürliche, vermeintlich oder tatsächlich nicht provozierte Episode mörderischen oder erheblich destruktiven Verhaltens, gefolgt von Amnesie oder Erschöpfung (vgl. Böckler, Nils, Seeger, Thorsten, 2010, S.16).

Der Begriff „**Amoklauf**" erfuhr demgegenüber einen Bedeutungswandel, beschreibt er doch in der Regel geplante Verbrechen mit Ankündigungscharakter, die also nicht im Affekt passieren (vgl. Bannenberg, 2010, S.7ff; Horn, 2013, S.8; Schildkraut, Jaclyn, Elsass, Jaymi, 2016, S.13ff). Für Außenstehende erscheint die Tat und Opferwahl dennoch willkürlich und nicht-provoziert (vgl. Schröter, Burkhard, 2011, S.61).

Obwohl weder die gängigen Diagnosemanuale noch das österreichische Strafrecht[4] den kriminellen Akt des Amoklaufes kennen, hat sich im wissenschaftlichen und medialen Diskurs eine Definition und Konzeptualisierung des Phänomens herausgebildet. Auffällig sind hierbei zwei grundlegende Merkmale, die erforderlich sind, um einen Amoklauf als einen solchen klassifizieren zu können:

Zum einen handelt es sich um ein Delikt mit **Tötungsabsicht**, was zum Beispiel am Einsatz potentiell tödlicher Waffen erkannt werden kann (vgl. Adler, 2009, S.18).

---

[2] International Classification of Diseases and Related Health Problems
[3] World Health Organization
[4] Täterinnen und Täter würden z.B. wegen (mehrfachen) Mordes oder (mehrfachen) versuchten Mordes vor Gericht gestellt.

Von den Täterinnen und Tätern angestrebt wird hierbei der Tod mehrerer Personen: Zum Teil wird gefordert, nur dann von einem Amoklauf zu sprechen, wenn zumindest drei Menschen den Tod fanden (vgl. Douglas, John E., Burgess, Ann W., Burgess, Allen G., Ressler, Robert K., 2011, S.96). Im Einklang mit jüngeren Definitionen wird im Folgenden jedoch nur die Tötungs*absicht* mehrerer Personen als Inklusionskriterium berücksichtigt; unabhängig davon, ob diese erfolgreich umgesetzt werden konnte oder nicht (vgl. Horn, 2012, S.13; Scheithauer, Bondü, 2011, S.25f). Relevant ist in jedem Fall, dass die (versuchte) Tötung der Opfer innerhalb eines **einzelnen, abgegrenzten Tatereignisses** geschieht und es zwischen den einzelnen Morden keine sogenannte „Abkühlungsphase" gibt (vgl. Scheithauer, Bondü, 2011, S.22). Diese Hervorhebung ist zur Abgrenzung eines Amoklaufes von anderen Massentötungen durch dieselbe Person, z.B. von einem Serienmord, relevant. Im Folgenden wird jedoch, dem Tenor des Expertinnen- und Expertendiskurses folgend, liberal mit dem Kriterium umgegangen.[5]

Zum anderen sind die Opfer der Tat **willkürlich** (vgl. Faust, 2016, S.159). Die Willkür ist hier selbstredend eine relative: Der Tatort basiert in der Regel auf dem Tatmotiv, wobei das Ziel ist, Personen(gruppen), die mit bestimmten Attributen versehen wurden, Schaden zuzufügen (vgl. Scheithauer, Bondü, 2011, S.26). Manchmal sind einzelne der Opfer den Täterinnen und Tätern persönlich bekannt. Da Amokläufe aber definitionsgemäß im öffentlichen oder halb-öffentlichen Raum stattfinden, sind auch in diesen Fällen zusätzliche Personen „zufällig" gefährdet (vgl. Faust, 2016, S.159). Im Denken der Amokläuferinnen und Amokläufer werden diese zu „Kollateralschäden", die für das Erreichen eines höheren Zieles erforderlich und daher vernachlässigbar sind (vgl. Grzeszyk, André, 2014, S.95ff).

Zusätzlich zu diesen Mindestkriterien wird in aller Regel die *„körperliche Anwesenheit des einzelnen Täters* [sic!] *bei der Tatausführung sowie die Tötung von dessen Händen"* (Scheithauer, Bondü, 2011, S.15) vorausgesetzt. Amokläuferinnen und Amokläufer befinden sich **persönlich am Tatort** und ermorden die Opfer selbstständig, einzeln und nacheinander (vgl. Scheithauer, Bondü, S.15f). Obwohl dieses

---

[5] Im März 1997 lief Mohammad Ahman al-Nazari in einer Schule in Sanaa, Jemen, Amok (vgl. Finley, 2014, S.328). Nachdem er mehrere administrative und Lehrkräfte ermordet hätte, setzte er sein Vorhaben in einer anderen Schule fort. Obwohl in der englischen Sprache nicht von einem Amoklauf, sondern von einem „Spree Killing" gesprochen werden würde, sind solche kurzen Pausen und Ortswechsel im deutschsprachigen Diskurs nicht vom Kriterium des abgegrenzten Tatereignisses betroffen (vgl. Scheithauer, Bondü, 2011, S.22; Schechter, Harold, 2012, S.275ff).

Kriterium erforderlich ist, um Amokläufe z.B. von Selbstmordattentaten mit Sprengstoffunterstützung zu unterscheiden, setzen Amokläuferinnen und Amokläufer zum Teil *zusätzlich* brennbare oder Sprengstoffe ein, um die Opferzahl zu erhöhen (vgl. Grzeszyk, 2014, S.428). Der 18-jährige Eric Harris und der 17-jährige Dylan Klebold, die Verantwortlichen für den 1999 stattfindenden Amoklauf an der Columbine High School, planten etwa den Tod von 500 Schülerinnen und Schülern, Schulangestellten und Einsatzkräften durch den gezielten Einsatz von Sprengkörpern, die am Tag der Tat jedoch nicht zündeten (vgl. Gray, Shani P., 2007, S.256ff).

Von diesen Mindestkriterien ausgehend werden Amokläufe, je nach Täterinnen und Tätern, Tatmotiv, Tatort und Tathergang, unterschiedlich klassifiziert. Eine spezielle Form eines Amoklaufes stellen sogenannte **„School Shootings"**, d.h. schulbezogene Amokläufe, dar. School Shootings werden definiert als

gezielte Angriffe eines (ehemaligen) Schülers [sic!] an seiner bewusst als Tatort ausgewählten Schule mit potenziell tödlichen Waffen und Tötungsabsicht. Die Tat ist durch individuell konstruierte Motive im Zusammenhang mit dem Schulkontext bedingt und richtet sich gegen mit der Schule assoziierte, zumindest teilweise zuvor ausgewählte Personen oder Personengruppen (Bondü, 2010, S.25, cit. Scheithauer, Bondü, 2011, S.24).

Schulbezogene Amokläufe weisen also gemeinhin folgende Merkmale auf:

- Schulbezug der Täterinnen und Täter: In der überwiegenden Mehrzahl der Fälle handelt es sich bei den Täterinnen und Tätern um Schülerinnen und Schüler, seltener um ehemalige Schülerinnen und Schüler, Eltern oder Schulpersonal (vgl. Horn, 2012, S.13f). Ferner kann die Schule, die zum Tatort wurde, aber auch ein Ersatzobjekt darstellen, das z.B. die eigene Schule oder das Schulsystem stellvertretend repräsentiert (vgl. Seidel, Jens, 2013, S.11). So lief Mohammad Ahman al-Nazari im März 1997, nachdem er vom sexuellen Missbrauch seiner Tochter durch eine Lehrkraft erfahren hatte, nicht nur in der Schule Amok, in der sein Kind unterrichtet wurde, sondern auch in einer nahegelegenen anderen Schule (vgl. Finley, Laura, 2014, S.328). Es ist davon auszugehen, dass er die Wut, die er gegenüber der betreffenden Lehrkraft empfand, zunächst auf die Schule, in der diese angestellt war, und dann auf das System „Schule" an sich übertrug.

- Schulbezug des Tatmotivs: Die Aggression der Täterinnen und Täter kann sich etwa gegen (einzelne) Schülerinnen und Schüler, (einzelne) Lehrerinnen und Lehrer, die Schule als negativ besetzten Ort oder das gesamte Schulsystem richten (vgl. Engels, Holger, 2007, S.48; Grzeszyk, 2014, S.186; Horn, 2012, S.12). Die Amokläuferinnen und Amokläufer selbst beschreiben als Motiv häufig die Rache dafür, dass sie nicht wahrgenommen oder unfair behandelt wurden (vgl. Burgess, Regehr, Roberts, 2011, S.174ff). Der Tat geht oft eine tiefe Kränkung im Schulkontext unmittelbar voraus, die zur Eskalation führt (vgl. Grzeszyk, 2014, S.38).

- Schule als Tatort: Für ihre Tat wählen die Täterinnen und Täter den Ort ihrer tatsächlichen oder vermeintlichen Demütigung: School Shootings finden in Schulen oder auf schuleigenem Gelände statt (vgl. Horn, 2012, S.12). Hierzu zählten in der Vergangenheit etwa auch Schulparkplätze sowie Schulveranstaltungen, wie Tanz- oder Sportveranstaltungen auf dem Schulgelände (vgl. Himmelrath, Armin, Neuhäuser, Sarah, 2014, S.13ff). Ebenfalls unter den Begriff der schulbezogenen Amokläufe werden solche an Universitäten subsumiert. Der in der englischen Sprache manchmal verwendete Terminus der „Campus Shootings" fand bislang keinen Eingang in die deutsche Sprache (vgl. Braun, Andreas, 2015, S.253ff; Van Brunt, Brian, 2012, S.264). Dies vereinfacht auch den internationalen Diskurs, da der Übergang vom schulischen zum hochschulischen Bildungssektor global uneinheitlich ist.

- Spezifischer Tathergang: Die Opfer der School Shootings weisen in der Regel selbst einen Schulbezug auf, wird von utilitaristischen Tötungen, z.B. von Einsatzkräften, abgesehen (vgl. Faust, Benjamin, 2010, S.26). Empirisch gesehen sind bei jeweils einem Drittel der schulbezogenen Amokläufe fast ausschließlich Schülerinnen und Schüler, fast ausschließlich Lehrpersonal sowie sowohl Schülerinnen und Schüler als auch Lehrpersonal Ziel der Gewalt (vgl. Robertz, Frank J., Wickenhäuser, Ruben, 2010, S.19). Die Personen können dabei zufällig zum Opfer, gezielt ausgewählt oder aufgrund ihrer symbolischen Bedeutung, z.B. ihrer Popularität, angegriffen werden (vgl. Böckler, Seeger, 2010, S.24; Röthlein, Hans J., 2007, S.93ff). Auch sind schulbezogene Amokläufe bekannt, in denen Angehörige eines bestimmten Geschlechts, einer bestimmten Nationalität oder einer bestimmten Religion bevorzugt getötet wurden (vgl. Adler, 2010, S.109; Gray, 2007, S.247ff; Seidel, 2013, S26f). Die Wut gegen einzelne Personen oder

Personengruppen manifestiert sich auch darin, dass die Opfer schulbezogener Amokläufe häufig sogenannte „Overkills" sind: Die Täterinnen und Täter attackieren bereits schwerverletzte Personen mehrfach, um deren Tod auch garantiert sicherzustellen (vgl. Robertz, Wickenhäuser, 2010, S.19).[6] School Shootings inkludieren hierbei, entgegen der direkten Übersetzung, Delikte mit unterschiedlichen, potentiell tödlichen Waffen (vgl. Schröter, 2011, S.63). Obwohl mehrheitlich Schusswaffen verwendet werden, sind beispielsweise schulbezogene Amokläufe mit Hieb- und Stichwaffen bekannt (vgl. Horn, 2012, S.17). Nicht zuletzt inkludieren „School Shootings", nach Meinung mancher Autorinnen und Autoren, auch extreme Gewalttaten im Schulkontext, die nicht mit einer Tötungsabsicht einhergehen, z.B. Geiselnahmen (vgl. Horn, 2013, S.8ff).

Gerade aufgrund der sehr inklusiven Definition der schulbezogenen Amokläufe, die weiter gefasst ist als die anders motivierter Amokläufe, werden in Medien und der Öffentlichkeit häufig Tatereignisse vorschnell als School Shootings bezeichnet, die bewusst aus der vorliegenden Arbeit ausgeschlossen wurden. Eine Abgrenzung wurde vor allem zu folgenden, durch exemplarische Ereignisse illustrierten, Tatbeständen versucht:

- Mass Shootings an anderen Orten: Im Juli 2011 erschoss Anders Behring Breivik auf der norwegischen Insel Utøya 69 Menschen, mehrheitlich Schülerinnen und Schüler oder deren Aufsichtspersonen, während des alljährlichen Zeltlagers der sozialdemokratischen Jugendorganisation Arbeidernes Ungdomsfylking (vgl. Borchgrevink, Aage, 2013, S.111ff). Obwohl die Opfer denen von schulbezogenen Amokläufen gleichen, wiesen weder der Täter, noch der Tatort oder das Tatmotiv einen Schulbezug auf.

- Waffengewalt gegen Einzelpersonen an Schulen: Englischsprachige Massenmedien verwenden den Begriff der School Shootings oftmals für jeglichen Schusswaffengebrauch am Schulgelände (vgl. Schröter, 2011, S.63). So etwa wurde von einem solchen gesprochen, als die 28-jährige Lehrerin Shane Schumerth im März 2012, nachdem sie gekündigt worden war, an die Episcopal High School von Jacksonville, Florida, zurückkehrte, um die Schuldirektorin mit einem Sturmgewehr zu erschießen (vgl. Muschert,

---

[6] Die „Overkills" sind auch ein Grund dafür, dass die Opferzahlen schulbezogener Amokläufe häufig geringer sind als vermutet werden könnte, da die Konzentration der Amokläuferinnen und Amokläufer auf bereits getroffene Opfer den anderen Personen die Chance gab, zu fliehen (vgl. Robertz, Wickenhäuser, 2010, S.19).

Glenn W., Sumiala, Johanna, 2012, S.304). Obwohl Tatort, Tatmotiv und Täterin einen Schulbezug aufweisen, müssen Tötungen, um unter die Kategorie schulbezogener Amokläufe subsumiert zu werden, auch die Mindestkriterien eines Amoklaufes, wie in Kapitel 2 beschrieben, erfüllen. Im Falle Schumerth bestand weder eine Tötungsabsicht mehrerer Personen noch eine willkürliche Opferwahl (vgl. Robertz, Wickenhäuser, 2010, S.9).

- Terroristisch oder anders motivierte Gewalt: Bei „schulbezogenen Amokläufen" handelt es sich nicht einfach um „Amokläufe an Schulen", können doch terroristisch und anders motivierte Mehrfachtötungen aus rein utilitaristischen Gründen an einer Schule stattfinden, um leichter große Opferzahlen sowie eine starke mediale Resonanz zu erreichen (vgl. Braun, 2015, S.13ff; Horn, 2013, S.8ff). Der Anschlag des 23-jährigen Mohammed Merahs im März 2012 auf Schülerinnen und Schüler einer jüdischen Schule in Toulouse, Frankreich, etwa war antisemitisch und keinesfalls schulbezogen motiviert (vgl. Rauschenberger, Katharina, Konitzer, Werner, 2015, S.118). Auch im Falle von Bandenkriminalität und Rivalitäten zwischen Gangs, die sich in die Schulen der Gangmitglieder erstrecken, ist die Wahl der Schule als Tatort zweckdienlich bis zufällig, wohingegen das Tatmotiv in keinem Fall ein schulbezogenes ist (vgl. Tauber, Robert T., 2007, S.347ff; Robertz, 2007a, S.12).

Natürlich sind die Grenzen zwischen schulbezogenen und anderen Mehrfachtötungen oftmals fließend und Kategorisierungen einzelner Fälle schwierig. So wird hinsichtlich mehrerer schulbezogener Amokläufe von antireligiösen oder fremdenfeindlichen Teilmotiven ausgegangen (vgl. Glaberson, William, 2000, Internet; Kimmel, Michael S., Mahler, Matthew, 2003, S.1439f; Schildkraut, Elsass, 2016, S.105). Insofern aber die Tatmotive zumindest teilweise schulbezogene waren, werden die betreffenden Fälle im Folgenden großzügig als School Shootings klassifiziert.

3 Prävalenz und Vorkommen schulbezogener Amokläufe

Tabelle 1 (siehe Anhang, Kapitel 0) gibt einen Überblick über die medial dokumentierten School Shootings der letzten 20 Jahre, d.h. im Zeitraum von 01.01.1997 bis 31.12.2016. Insgesamt wurden 60 Fälle in 17 verschiedenen Ländern auf 6 Kontinenten dokumentiert, die meist von Einzeltäterinnen oder Einzeltätern begangen wurden und gemeinsam 305 Todesopfer forderten.

Hinsichtlich der Analyse der **Tatorte** ist zu beachten, dass trotz systematischer Datensuche nur solche Fälle aufgenommen werden konnten, über die in englisch- oder deutschsprachigen Medien berichtet wurde. Dies ist zumindest ein Teil der Erklärung dafür, dass, wie in Abbildung 1 illustriert, 37 der 60 dokumentierten Fälle in Nordamerika stattfanden (davon 34 in den USA), 12 weitere in Europa und ein weiterer im englischsprachigen Ozeanien. Zumindest teilweise kann diese Beobachtung also eine artifizielle sein.

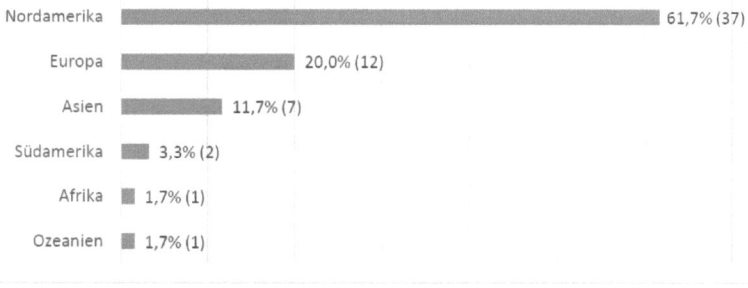

Abbildung 1: Tatorte der School Shootings (1997-2016) nach Kontinent
Quelle: Eigene Berechnung, siehe Tabelle 1 im Anhang, Kapitel 0. Angaben in Prozent aller dokumentierten Fälle (n=60) und in absoluten Zahlen.

Ebenfalls erwähnenswert ist, dass viele vermeintliche School Shootings im (nord-)afrikanischen und (vorder-)asiatischen Raum nicht als solche klassifiziert werden konnten, da terroristische Hintergründe angenommen werden. In Südamerika sowie in Mexiko hingegen wurden einige Fälle ausgeschlossen, da unklar erschien, ob es sich bei ihnen um klassische schulbezogene Amokläufe oder um Bandenkriminalität handelte (vgl. Oehrlein, Josef, 2011, Internet).

Nicht alle Identitäten der **Täterinnen und Täter** wurden öffentlich gemacht: Namentlich bekannt sind nur 57 Amokläuferinnen und Amokläufer, die gemeinsam für 55 der 60 School Shootings verantwortlich sind. Durchschnittlich waren die

Täterinnen und Täter zum Tatzeitpunkt rund 21 Jahre[7] alt, mit einem Mindestalter von 11 und einem Maximalalter von 48 Jahren. Beinahe die Hälfte (29) der Personen war zum Tatzeitpunkt noch minderjährig.[8]

Bislang werden schulbezogene Amokläufe in aller Regel von Jungen und Männern verübt; die einzig bekannte weibliche School Shooterin war die 23-jährige Latina Williams, die 2008 zwei Frauen in Louisiana erschoss, bevor sie Suizid beging (vgl. Turvey, Brent E., 2013, S.385). Dieses Phänomen liegt erstens darin begründet, dass Männer, aufgrund ihrer Biologie, Psychologie und Sozialisation, Konflikte tendenziell häufiger durch den Einsatz von physischer Gewalt zu lösen versuchen (vgl. Seidel, 2013, 29ff). Zweitens empfinden männliche Jugendliche soziale Aberkennung und Demütigung als unangenehmer und reagieren stärker auf tatsächliche oder vermeintliche Provokationen (vgl. Aronson, Akert, Wilson, 2008, S.415). Allerdings wird, basierend auf der Analyse von Drohungen und Warnhinweisen, vermutet, dass der Mädchen- und Frauenanteil unter den Amokläuferinnen bzw. Amokläufern zukünftig wachsen wird, da sich auch das Freizeitverhalten und die Sozialisation der Geschlechter zunehmend anpasst (vgl. Himmelrath, Neuhäuser, 2014, S.52).

In Medien und Öffentlichkeit wird zum Teil der Eindruck vermittelt, dass die Prävalenz schulbezogener Amokläufe beharrlich ansteigt. Abbildung 2 gibt daher einen Überblick über die **zeitliche Entwicklung der School Shootings** in der Beobachtungsperiode von 1997 bis 2016. Die blauen Säulen illustrieren die Anzahl der medial dokumentierten schulbezogenen Amokläufe pro Jahr; die orangefarbenen Linien zeigen, als weitere Indikatoren für eine etwaige Eskalation der Gewalt, die aufsummierten Todesopfer durch School Shootings pro Jahr.

---

[7] Berechnet wurde das arithmetische Mittel der n=60 Täterinnen und Täter, deren Alter veröffentlicht wurde.
[8] Um Vergleichbarkeit zu schaffen, wurde hier von einem Erlangen der Volljährigkeit mit Vollendung des 18. Lebensjahres ausgegangen.

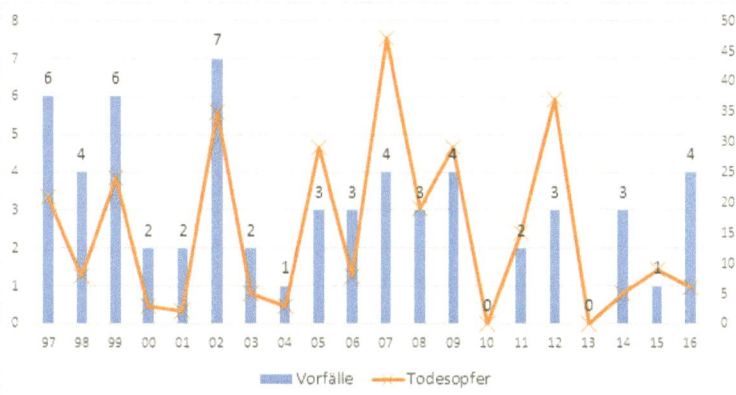

Abbildung 2: School Shootings und deren Todesopfer pro Jahr (1997-2016)
Quelle: Eigene Berechnung, siehe Tabelle 1 im Anhang, Kapitel 0. Angaben in absoluten Zahlen.

Es ist evident, dass die Zahl der School Shootings nicht im Zunehmen begriffen ist. Die Ausreißer der Regressionsgerade sind aber stark: Es zeigt sich ein nicht-linearer Verlauf mit unregelmäßigen Schwankungen. Hinweise gibt es vor allem auf systematische Häufungen, wobei in vielen Fällen von Nachahmungstaten ausgegangen werden kann (vgl. Grzeszyk, 2014, S.65ff).

Über entsprechende Streudiagramme gelegte Regressionsgeraden deuten insgesamt jedoch sogar auf eine tendenzielle Abnahme sowohl der Vorfälle als auch der Todesopfer hin. Tatsächlich gibt es hierbei länderspezifische Unterschiede: Seltener wurden schulbezogene Amokläufe im Zeitverlauf vor allem in den USA, was auf die Vermittlung von Forschungserkenntnissen im Rahmen von Mitarbeiterinnen- und Mitarbeiterschulungen und auf verstärkte Präventionsmaßnahmen zurückgeführt wird (vgl. Robertz, Wickenhäuser, 2010, S.17).

4 Verursachende und auslösende Faktoren

Eines der zentralsten Informationsbedürfnisse der Öffentlichkeit und zudem die Grundlage zur Entwicklung effektiver Präventions- und Interventionsmaßnahmen ist die Frage, was School Shootings verursacht und/oder auslöst. Umfassende Analysen, die die Erstellung eines Sozial- und Persönlichkeitsprofils der schulbezogenen Amokläuferinnen und Amokläufer zum Ziel hatten, zeigten, dass es kein valides, einheitliches Profil gibt – mit Ausnahme dessen, dass bislang beinahe alle der Taten von Jungen und Männern verübt wurden (vgl. Bödecker, 2004, S.182ff; Hoffmann, Jens, 2007, S.28; Schröter, 2011, S.70).

Dennoch zeigen sich, wie in Abbildung 3 zusammengefasst, gewisse Tendenzen, Regelmäßigkeiten und potentiell problematische Gegebenheiten, die in einem komplex wechselwirkenden System schulbezogene Amokläufe verursachen, verstärken oder auslösen können.

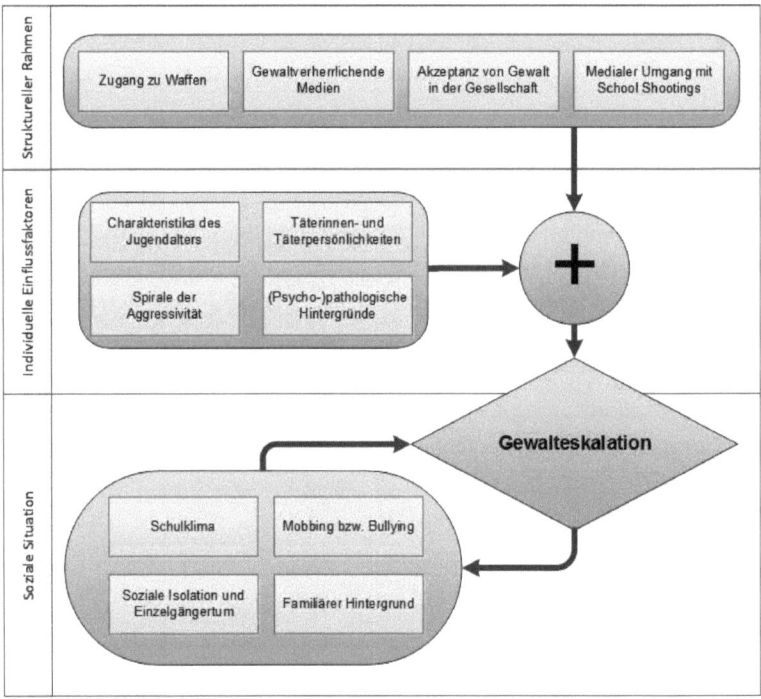

Abbildung 3: Ursachen und Auslöser der Gewalteskalation im Überblick
Quelle: Eigene Darstellung.

Wie die Abbildung illustriert, wirkt sich dabei zunächst der **gesellschaftlich-strukturelle Rahmen** aus, in dem ein Individuum aufwächst. Der Einfluss dieser Faktoren, z.B. des liberalen oder restriktiven Zugangs zu Waffen, ist nicht zu unterschätzen, wie sich auch an nationalen Unterschieden hinsichtlich der Prävalenz der School Shootings zeigt. Besonders intensiv untersucht wurden die **individuellen (Persönlichkeits-)Faktoren**, die die Täterinnen und Täter aufgrund ihrer Genetik, Sozialisation und Enkulturation mitbringen. Hinzu kommen, nicht zuletzt, Auswirkungen der **sozialen, z.B. schulischen und familiären, Situation** der potentiellen Amokläuferinnen oder Amokläufer. Diese können individuelle und strukturelle Prädispositionen verstärken ebenso wie abschwächen und gaben, im Falle bisheriger School Shootings, nicht selten den endgültigen Auslöser für die Tat.

Die nachfolgenden Kapitel geben einen genaueren Einblick in die einzelnen, in der Abbildung kurz erwähnten, verursachenden und auslösenden Faktoren. Bedacht werden muss, dass Analysen zur Ätiologie schulbezogener Amokläufe immer Schwächen haben, da sie nur retrospektiv geschehen können und die Fallzahl insgesamt eine geringe ist (vgl. Adler, 2009, S.18). In vielen Fällen können die Täterinnen und Täter selbst überhaupt nicht mehr befragt werden, da die Tat z.B. mit deren Suizid endete. Die Analyse geschieht dann etwa über Tagebucheinträge und Zeichnungen der Jugendlichen selbst oder über die Einsichten von Eltern, Peers und anderen Personen aus dem Umfeld der Amokläuferinnen und Amokläufer (vgl. Huck, Wilfried, 2012, S.27).

4.1 Der gesellschaftlich-strukturelle Rahmen

Betreffend den gesellschaftlich-strukturellen Rahmen, in dem schulbezogene Amokläufe passieren, problematisieren Expertinnen und Experten vor allem liberale Waffengesetze, den weitverbreiteten Konsum von gewalthaltigen und gewaltverherrlichenden Medien und die Heroisierung von Gewalt insbesondere in Gesellschaften, die sich im Krieg befinden. Fand einmal ein School Shooting statt, kann zudem der mediale Umgang mit diesem beeinflussen, ob es zu weiteren, vergleichbaren Gewalttaten kommt.

4.1.1 Zugang zu Waffen

In der Öffentlichkeit wird besonders häufig gemutmaßt, dass schulbezogene Amokläufe wegen der dortigen liberalen Waffengesetze so auffällig häufig in den USA stattfinden (vgl. Adler, 2009, S.20). Tatsächlich hatten Täterinnen und Täter überdurchschnittlich oft leichten Zugang zu (Schuss-)Waffen über das Elternhaus;

für einige stellte das Waffeninteresse gar das einzige gemeinsame Hobby mit einem der Elternteile dar (vgl. Himmelrath, Neuhäuser, 2014, S.75). Für manche der Täterinnen und Täter war der Besitz und Gebrauch von Waffen eine zentrale Quelle von Selbstbewusstsein: Michael Carneal, der 1997 das Feuer auf einen schulischen Gebetszirkel eröffnete, war davon überzeugt, Personen seien umso mächtiger, je mehr Waffen sie besitzen (vgl. Faust, 2010, S.101).

Was die Situation in Österreich betrifft, so erfordert der Erwerb einer Waffenbesitzkarte zwar ein kurzes Training sowie ein psychologisches Gutachten, Waffen der Kategorien C und D, z.B. Büchsen oder Flinten, sind jedoch nicht waffendokumentpflichtig (vgl. Bundesgesetz über die Waffenpolizei, BGBl. I Nr. 12/1997). Zwar besitzen nur 3,3 % der Österreicherinnen und Österreicher eine registrierte Waffe[9], die Dunkelziffer mag aber, aufgrund illegalen Waffenbesitzes, höher sein (vgl. Thalhammer, Anna, 2017, Internet). Zudem ist die Tendenz derzeit steigend (vgl. Thalhammer, 2017, Internet). Einschränkungen, um den Besitz und das Führen von Waffen restriktiver zu gestalten, wären also durchaus denkbar.

Jedoch ist unklar, inwiefern schulbezogene Amokläufe durch einen strenger regulierten Zugang zu Waffen verhindert werden können. Tatsächlich erwarben die meisten der Amokläuferinnen und Amokläufer die verwendeten Schusswaffen ohnehin auf illegalem Weg, entwendeten sie oder erhielten sie von älteren Bekannten (vgl. Robertz, 2007a, S.9). Während hierzulande noch keine Erfahrungen mit schulbezogenen Amokläufen bestehen, gilt auch für Österreich, dass die meisten Delikte mit Schusswaffengebrauch mit illegalen Waffen begangen werden[10], auf die die Waffengesetzgebung wenig Einfluss hat (vgl. Schröter, 2011, S.65f).

Nicht zuletzt darf nicht vergessen werden, dass Schusswaffen, auf die die Waffengesetzgebung in der Regel fokussiert, nicht die einzigen tödlichen Waffen darstellen: Die schulbezogenen Amokläufe wurden, vor allem außerhalb der USA, auch unter dem Einsatz von selbstgebauten Sprengkörpern, Benzin und Hieb- und Stichwaffen, etwa Messern und Äxten, verübt (vgl. Adler, 2009, S.20).

---

9   Eine Registrierung ist grundsätzlich auch für Waffenkategorien vorgeschrieben, für die keine Waffenbesitzkarte benötigt wird.
10 2014, als dies schwerpunktartig erhoben wurde, wurden 1191 Delikte mit einer Schusswaffe begangen, wobei rund 800 hiervon illegal erworben worden waren (vgl. Thalhammer, 2017, Internet).

4.1.2 Gewalthaltige und gewaltverherrlichende Medien

Regelmäßig werden zudem mögliche Zusammenhänge zwischen dem Konsum gewalthaltiger Medien und der Gewaltbereitschaft Heranwachsender diskutiert. Dies ging so weit, dass ein US-Gericht nach dem Amoklauf Michael Carneals, der im Jahr 1997 mehrere seiner Mitschülerinnen und Mitschüler erschossen hatte, entscheiden musste, dass die Herstellerinnen und Hersteller eines Computerspiels nicht für einen Amoklauf zur Verantwortung gezogen werden können (vgl. Clarke, Rachel, 2003, Internet).

Beinahe alle der schulbezogenen Amokläuferinnen und Amokläufer wandten sich vor der Tat gewalthaltigen und gewaltverherrlichenden Medien, etwa Filmen, Musik oder PC- bzw. Videospielen, zu (vgl. Brinkbäumer, Klaus, Cziesche, Dominik, Hoppe, Ralf, Kurz, Felix, Meyer, Cordula, Repke, Irina, Röbel, Sven, Smoltczyk, Alexander, Wassermann, Andreas, Winter, Steffen, 2002, S.120f; Engels, 2007, S.41f; Scheithauer, Bondü, 2011, S.82). Gerade das Internet bietet Kindern und Jugendlichen vielfältige Möglichkeiten, an diese Medien zu gelangen und sie auf ihrem Computer oder Handy vor den Eltern zu verbergen (vgl. Horn, 2012, S.46f). Während Medienkonsum im Allgemeinen nicht mit Gewaltbereitschaft und Delinquenz einhergeht, stellte unter anderem eine Meta-Analyse[11] empirisch fest, dass der wiederholte Konsum von gewalthaltigen Filmen, Spielen und anderen Medien die Gewaltbereitschaft erhöht, aggressive Gedanken und Handlungen steigert und die Hilfsbereitschaft senkt (vgl. Anderson, Craig A., Bushman, Brad J., 2001, S.353ff).

Es gibt unterschiedliche Theorien darüber, wie es zu diesen Effekten kommt. Besonders häufig wird mit der Habitualisierungshypothese argumentiert, laut der der Konsum gewalthaltiger Medien langfristig zu einer Abnahme der Sensibilität gegenüber Gewalt in der Realität führt, da Aggression als normales Alltagsverhalten abgespeichert wird (vgl. Horn, 2012, S.46ff). Gemäß lerntheoretischen Überlegungen sowie der Suggestionshypothese ahmen wir das gewalttätige Verhalten in der Folge besonders dann nach, wenn die dargestellte aggressive Person eine Vorbildwirkung hat (vgl. Pollmann, Elsa, 2008, S.85ff). Insbesondere spielt es eine Rolle, ob die Gewalt belohnt, ignoriert oder bestraft wird, ob sie mit einem

---

[11] Eine Meta-Analyse meint die systematische Zusammenfassung von Primäranalysen, wobei die einzelnen Studien behandelt werden wie die Probandinnen und Probanden einer Primäruntersuchung. Da die Stichprobe hierdurch sehr groß wird und umfassende Moderatoranalysen ermöglicht werden, ist die interne Validität – und damit die empirische Aussagekraft - von Meta-Analysen die höchste unter den verschiedenen Formen wissenschaftlicher Erhebungen (vgl. Gliner, Jeffrey A., Morgan, George A., Leech, Nancy L., 2011, S.383ff).

Machterwerb einhergeht und ob sie als naturgegeben und gerechtfertigt dargestellt wird (vgl. Himmelrath, Neuhäuser, 2014, S.91f). Nicht zuletzt kommt noch hinzu, dass das bloße Sehen aggressiver Hinweisreize, d.h. Objekte, die mit aggressiven Handlungen verbunden werden, die Aggressionsbereitschaft erhöhen kann (vgl. Aronson, Wilson, Akert, 2008, S.395).

Zu problematisieren ist hierbei, dass der Gewaltanteil in Kindersendungen besonders hoch ist, wobei viele Gewalthandlungen dargestellt werden, die keinen anderen Zweck haben als die andere Person zu verletzen (vgl. Himmelrath, Neuhäuser, 2014, S.92f). Gerade Kinder und Jugendliche sind jedoch deutlich beeinflussbarer als Erwachsene und tun sich schwerer damit, Realität und Fantasie auseinander zu halten (vgl. Aronson, Wilson, Akert, 2008, S.399). Handelt es sich um eine Zeichentrickproduktion, wird der Verlust des Realitätsbezuges zusätzlich vorangetrieben (vgl. Himmelrath, Neuhäuser, 2014, S.92).

Besonders beachtenswert sind zudem Ego-Shooter und ähnliche sogenannte Killer-Spiele. Das Herausstellungsmerkmal dieser Spiele ist, dass die Spielerin oder der Spieler hier eine aktive Rolle einnimmt (vgl. Scheithauer, Bondü, 2011, S.113). Die Konsumentinnen und Konsumenten übernehmen die Perspektive der Schützinnen und Schützen und werden zudem direkt für erfolgreiches Töten belohnt (vgl. Robertz, Wickenhäuser, 2010, S.59). Hinzu kommt, dass es für Spielerinnen und Spieler mit Gewaltfantasien ein Leichtes ist, unter den Cyberkontakten, die mit Online-Spielen einhergehen, gleichgesinnte Personen zu finden, die die gewalthaltigen Fantasien zusätzlich anheizen (vgl. Huck, 2012, S.85). Gleichzeitig werden reale soziale Kontakte durch intensiven Medienkonsum immer stärker vernachlässigt (vgl. Horn, 2012, S.48). Gerade im Falle von Jugendlichen, die im realen Leben eher eine Außenseiterinnen- oder Außenseiterrolle einnehmen und auf die Bestätigung durch die virtuellen Kontakte angewiesen sind, kann dies fatal sein (vgl. Huck, 2012, S.85f).

Natürlich kann hier kein eindeutig kausaler Schluss gezogen werden: Manche Expertin oder mancher Experte äußert Kritik an den Analysen, die einen Zusammenhang zwischen dem Konsum gewalthaltiger Medien und der Gewaltbereitschaft im wahren Leben folgern (vgl. Bödecker, 2004, S.124ff). So wäre umgekehrt auch plausibel, dass eine bereits bestehende Gewaltaffinität die Wahl der gewalthaltigen Filme, Spiele und Musikstücke bedingt (vgl. Robertz, 2007a, S.10; Schnabel, Konrad, 2002, Internet). Andere Annahmen, die jedoch kaum empirisch untermauert sind, gehen sogar davon aus, dass Gewalt in Medien die Gewaltbereitschaft senkt:

Während die Inhibitionshypothese darstellt, dass gewalthaltige Medien Angst auslösen und damit reale Gewalt verhindern, beschreibt die Katharsis-Hypothese, dass diese die Möglichkeit bieten, Gewaltfantasien auszuleben, ohne sie real umzusetzen (vgl. Aronson, Wilson, Akert, 2008, S.405; Bödecker, 2004, S.136f).

Eine häufig vertretene Ansicht, die gewissermaßen einen Kompromiss zwischen den Positionen darstellt, ist die, dass gewalthaltige oder gewaltverherrlichende Medien zwar nicht für die etwaige Gewaltaffinität der Konsumentinnen und Konsumenten verantwortlich sind, diese jedoch bei Personen, die bereits eine entsprechende Prädisposition haben, verstärken (vgl. Bödecker, 2004, S.136). Die Zuseherinnen und Zuseher, Spielerinnen und Spieler und Hörerinnen und Hörer nutzen die gewalthaltigen Medien in der Folge, um in die Aggression einzutauchen, sich selbst zu stimulieren und in eine immer gewalttätigere Stimmung zu kommen (vgl. Huck, 2012, S.84). So liegt die *„wirkliche Bedeutung [der gewalthaltigen und gewaltverherrlichenden Medien] für School Shootings [...] darin, bereits gewalthaltige Phantasien* [sic!] *gefährdeter Jugendlicher anzuregen und Inhalte für ihre weitere Ausgestaltung zu liefern"* (Robertz, Wickenhäuser, 2010, S.86).

4.1.3 Akzeptanz von Gewalt in der Gesellschaft

Doch auch außerhalb der fiktiven Welt finden sich zahlreiche Gradmesser für die Akzeptanz von Gewalt in einer Gesellschaft, durch die die Aggressionsbereitschaft einzelner Personen beeinflusst werden kann.

Sport und Sportübertragungen etwa bieten einen Fundus an Beispielen für die Heroisierung von Gewalt. Es konnte empirisch bewiesen werden, dass die Mordraten in den USA unmittelbar nach der Fernsehübertragung großer Boxkämpfe steigen (vgl. Aronson, Wilson, Akert, 2008, S.399f). Die jüngere Debatte thematisiert nicht zuletzt auch Spiele und Sportarten wie Paintball, Lasertag oder Airsoft, in denen oftmals kriegerische Handlungen imitiert werden (vgl. Engels, 2007, S.42).

Noch mehr auf der Makroebene ist zu beobachten, dass die Bevölkerung eines Staates, der sich im **Krieg** befindet, eher zu Gewalt neigt, da Hemmungen abgebaut werden und Gewalt als Mittel schwierige Probleme anzugehen legitimiert wird (vgl. Aronson, Wilson, Akert, 2008, S.409). Zudem finden sich Beispiele, in denen die Politik auf rechtsstaatliche Mittel verzichtete, um stattdessen einen Kampf von „Gut" gegen „Böse" zu stilisieren (vgl. Huck, 2012, S.109). So wurden etwa die Navy Seals, die Osama bin Laden töteten, als Heldinnen und Helden gefeiert (vgl. Huck, 2012, S.89f). Dass die mediale Darstellung solcher Fälle nicht selten in polemischer und bilderreicher Weise passiert, verstärkt die emotionale Reaktion unter den Zuseherinnen und Zusehern (vgl. Schröter, 2011, S.66). Es muss bedacht werden, dass die vulnerablen Personen, die danach streben, sich stark und gottähnlich zu fühlen, durch Präzedenzfälle wie diese lernen, dass Gewalt bewunderns- und erstrebenswert ist (vgl. Huck, 2012, S.90).

4.1.4 Medialer Umgang mit School Shootings

Der Copycat-Effekt, seltener auch Contagion-Effekt[12], beschreibt das Phänomen, dass Gewalttaten, die mediale und öffentliche Aufmerksamkeit erhielten, vorbildhaft für weitere Gewalttaten unabhängiger Täterinnen oder Täter sind (vgl. Coleman, Loren, 2004, S.1ff). Dies kann bedeuten, dass die ursprüngliche Gewalttat überhaupt erst den Ausschlag gibt, das Verbrechen zu verüben, dass sie als Rechtfertigung eigener Fantasien dient, die Tötungshemmung reduziert und den endgültigen Anstoß zu einer geplanten Tat gibt, oder dass der Tathergang eines Verbrechens, zu dem bereits der Entschluss bestand, der ursprünglichen Gewalttat angepasst wird (vgl. Coleman, 2004, S.1ff; Robertz, 2007a, S.15).

Dass **Nachahmungstaten** auch im Bereich schulbezogener Amokläufe verbreitet sind, ist deutlich an den Äußerungen der Täterinnen und Täter, die in Videos, Tagebüchern und sozialen Medien Bezug auf frühere Amokläufe nahmen, sowie an den Häufungen von Amokläufen nach begangenen Taten und an den Jahrestagen dieser zu erkennen (vgl. Himmelrath, Neuhäuser, 2014, S.45ff; Robertz, 2004, S.82ff; Robertz, Wickenhäuser, 2010, S.18f & 93ff). Bezugnehmend auf das berüchtigte School Shooting, das 1999 an der Columbine High School stattfand und auch Amokläufen außerhalb der USA als Vorbild diente, wird diesbezüglich oftmals gar von einem Columbine-Effekt gesprochen (vgl. Gray, 2007, S.256; Seidel, 2013, S.19; Larkin, Ralph W., 2007, S.10 & 212; Muschert, Glenn W., Henry, Stuart, Bracy, Nicole L., Peguero, Anthony A., 2014, S.7ff; Muschert, Glenn W., Peguero, Anthony A., 2010, S.117; Winegarner, Beth, 2013, S.10ff). Auffällig ist hierbei, dass Amokläuferinnen und Amokläufer seither immer mehr Popkultur-Ikonen ähneln, die in

---

[12] In der deutschsprachigen Literatur wird zum Teil (vgl. z.B. Himmelrath, Neuhäuser, 2014, S.20) der Begriff des Werther-Effekts synonym mit jenem des Copycat-Effekts verwendet. Dies kann damit in Verbindung gebracht werden, dass schulbezogene Amokläufe in der Literatur manchmal als erweiterte Suizide beschrieben werden (vgl. Adler, 2000, S.43; Seidel, 2013, S.23; Wolfersdorfer, Etzersdorfer, 2011, S.37). Im Folgenden wird hierauf jedoch verzichtet, da sich der Werther-Effekt, seiner ursprünglichen Definition gemäß, nur auf die Nachahmung von klassischen Suiziden, jedoch nicht auf jene von Gewalttakten gegenüber anderen Personen bezieht (vgl. Karenberg, Axel, 2005, S.164ff; Schreiner, Julia, 2003, S.275ff).

einer Art Täterinnen- und Täterdynastie auf ihre Vorgängerinnen und Vorgänger Bezug nehmen und versuchen, deren Vorhaben fortzuführen (vgl. Seidel, 2013, S.17f). Sie entsprechen „[e]ine[r] große[n] Fortsetzungsgeschichte, an die sich immer wieder jugendliche [Täterinnen und] Täter anschließen wollen. Oft äußern sie dabei die Absicht, den Amoklauf ihrer Vorbilder noch ‚verbessern' zu wollen" (Robertz, 2007b, S.81). Soziale Medien bieten eine niederschwellige und wenig regulierbare Bühne für derartige Selbstinszenierungen, die daraufhin schnell internationale Verbreitung finden (vgl. Böckler, Seeger, 2010, S.88ff). Dies kann zu Vergemeinschaftungen im Sinne der Herausbildung interaktiver Fan-Gemeinschaften führen, in denen die „Ausgestoßenen" einander in ihren Bedürfnissen nach Kontrolle, Dominanz und Rache bestätigen, wodurch Nachahmungstaten wahrscheinlicher werden (vgl. Böckler, Seeger, 2010, S.134f).

Während die beobachteten Häufungen der Amokläufe aufgrund der insgesamt niedrigen Prävalenz dieser immer nur Indizcharakter haben können, konnte zuverlässig festgestellt werden, dass auch Drohungen und Warnhinweise in den Wochen nach School Shootings vermehrt auftreten (vgl. Himmelrath, Neuhäuser, 2014, S.75). Jedoch muss beachtet werden, dass es sich hierbei in vielen Fällen nicht um potentielle Nachahmungstäterinnen und Nachahmungstäter handeln dürfte, sondern um sogenannte **Trittbrettfahrerinnen und Trittbrettfahrer** (vgl. Adler, 2009, S.20). Gemeint sind hiermit Personen, die die öffentliche Aufmerksamkeit nach einem entsprechenden Verbrechen nutzen wollen, um Angst auszulösen und Macht zu verspüren, ohne aber tatsächlich einen Amoklauf im Sinn zu haben (vgl. Pollmann, 2008, S.110f). Dennoch sind die Drohungen gefährlich, da sie die Wahrscheinlichkeit erhöhen, dass Drohungen von potentiellen Täterinnen und Tätern, die tatsächlich einen Umsetzungswillen aufweisen, übersehen werden.

Der Copycat-Effekt hinsichtlich schulbezogener Amokläufe und Amokdrohungen ist grundsätzlich umso stärker, je detaillierter, reißerischer und emotionaler die mediale Berichterstattung und je stärker die öffentliche Reaktion ist (vgl. Robertz, 2007a, S.15f). Denn dadurch wird den Rezipientinnen und Rezipienten vermittelt, dass durch einen Amoklauf Aufmerksamkeit und Bekanntheit erlangt werden können (vgl. Faust, 2010, S.94). Die Nachahmung ist aber auch davon abhängig, dass sich die betreffenden Personen mit den ursprünglichen Täterinnen oder Tätern identifizieren können (vgl. Hoffmann, 2007, S.30f). Eine mediale Berichterstattung, wie sie vor allem in Berichten der Boulevard-Presse nicht selten stattfindet (vgl. Rammrath, Hanns E., 2007, S.88), die die Identität der Täterin oder des Täters preisgibt, Spekulationen über ihre oder seine Motive anstellt, Details des

Tathergangs darstellt und die Grenzen des medialen Einblicks in die Situation verschweigt, verstärkt das Potential von Nachahmungstaten daher enorm (vgl. Bödecker, 2004, S.163; Coleman, 2004, S.6f; Himmelrath, Neuhäuser, 2014, S.22; Ziegler, Walther, Hegerl, Ulrich, 2002, S.46f).

4.2 Individuelle Einflussfaktoren

Ob nun aufgrund der Genetik oder der Umwelt, die bisherigen schulbezogenen Amokläuferinnen und Amokläufer ähnelten sich tendenziell hinsichtlich mehrerer zentraler Eigenschaften. Einige dieser Aspekte stehen damit in Zusammenhang, dass die meisten der Täterinnen und Täter im Kindes- oder Jugendalter waren; andere betreffen Persönlichkeitseigenschaften, die als hiervon unabhängig betrachtet werden. Den Amokläuferinnen und Amokläufern gemeinsam ist, dass sie sich in eine gewalthaltige Fantasiewelt flüchteten und in eine Aggressionsspirale rutschten, die schließlich in eine Gewalteskalation mündete. Seltener konnten zusätzlich Hinweise auf psychische Erkrankungen festgestellt werden.

4.2.1 Charakteristika des Kindes- und Jugendalters

Die Hälfte der schulbezogenen Amokläufe wurde, wie in Kapitel 3 dargestellt, von minderjährigen Täterinnen und Tätern verübt. Während dies einer der Faktoren ist, aufgrund derer die Verbrechen so schockierend sind, vermuten Expertinnen und Experten, dass hierin auch Ursachen für die Eskalation der Gewalt liegen könnten (vgl. Sneider, Robert, 2013, S.134).

Zum einen werden einige **Sozial- und Personalkompetenzen**, die maßgeblich sind, um Probleme gewaltfrei zu lösen, erst im Verlauf des Jugendalters erlernt (vgl. Horn, 2012, S.19ff). Dies gilt etwa für Strategien der Konfliktbewältigung, der empathischen Kommunikation und der Impulskontrolle (vgl. Böckler, Seeger, 2010, S.62f). Tatsächlich wurden die Amokläuferinnen und Amokläufer als Personen mit nur unzureichenden Problemlösungskompetenzen beschrieben (vgl. Scheithauer, Bondü, 2011, S.53). Gerade sehr junge Täterinnen und Täter hatten zudem womöglich noch kein ausgereiftes Konzept vom Tod als unumkehrbares und endgültiges Ereignis (vgl. Robertz, Wickenhäuser, 2010, S.26). Mindestens aber wird die Abwägung von Kosten und Nutzen vernachlässigt, weshalb impulsive und gefährliche Verhaltensweisen nahezu charakteristisch für das Jugendalter sind (vgl. Robertz, 2004, S.25f).

Zum anderen ist das Kindes- und Jugendalter von zahlreichen psychosozialen und **Identitätsentwicklungsaufgaben** geprägt, in denen sich die oder der Heranwachsende unter dem großen Druck sieht, den gesellschaftlichen Erwartungen ebenso wie den individuellen Zielsetzungen zu entsprechen, während physiologische Reifeprozesse geschehen (vgl. Böckler, Seeger, 2010, S.38ff). Die Jugendlichen bewerten sich selbst hierbei sehr kritisch, vergleichen sich mit anderen – realen oder fiktiven - Personen und versuchen, Status und Anerkennung zu erlangen (vgl. Faust, 2010, S.60ff). Gerade im Falle junger Männer kann dies zu einer erhöhten Gewaltbereitschaft führen, da das traditionelle Ideal von „Männlichkeit" fordert, Dominanz, Durchsetzungsvermögen und körperliche Kraft unter Beweis zu stellen (vgl. Horn, 2012, S.42).

Dass die Anerkennung der Peergroup bedeutsamer wird, kann aber nicht nur in deviantem Verhalten resultieren, sondern auch darin, dass Streite und tatsächliche oder vermeintliche Demütigungen als auffällig gravierend wahrgenommen werden (vgl. Robertz, Wickenhäuser, 2010, S.26). Unter anderem deswegen ist die Adoleszenz eine Zeit der erhöhten – und aus erwachsener Sicht irrational erscheinenden - **Sensibilität und Verletzlichkeit** und der Stimmungsschwankungen (vgl. Pollmann, 2008, S.53). All dies in Kombination kann in extremen Reaktionen kulminieren.

4.2.2 Täterinnen- und Täterpersönlichkeiten

Mehrere Persönlichkeitseigenschaften werden in einem ursächlichen Zusammenhang mit schulbezogenen Amokläufen gesehen.

So zeigen die Täterinnen und Täter oftmals ein hohes Maß an **Selbst- und Fremdaggression** (vgl. Himmelrath, Neuhäuser, 2014, S.76ff). Hiermit verbunden weisen die betreffenden Heranwachsenden häufig eine starke Faszination für das Morbide auf (vgl. Böckler, Seeger, 2010, S.193ff). Die aggressiven Tendenzen äußern sich aber nicht immer offen: Tatsächlich sind meistens keine früheren Gewaltakte dokumentiert (vgl. Pollmann, 2008, S.75f). Gewalt ist für diese Personen eher eine intensive Tagträumerei - eine Flucht vor der Überforderung und Angst, die sie im wahren Leben verspüren (vgl. Huck, 2012, S.60). Die Gewaltaffinität der Personen zeigt sich etwa in der Wahl gewalthaltiger Filme und PC- bzw. Videospiele sowie gewaltverherrlichender Musik (vgl. Himmelrath, Neuhäuser, 2014, S.37; Robertz, Wickenhäuser, 2010, S.42).

In ihrem Auftreten sind viele der Amokläuferinnen und Amokläufer **scheu, introvertiert und ängstlich**, weshalb sie schnell isoliert und zu Außenseiterinnen bzw. Außenseitern werden (vgl. Robertz, 2004, S.119f). Es fehlt ihnen häufig nicht nur an sozialer Kompetenz, sondern auch an Copingstrategien (vgl. Scheithauer, Bondü, 2011, S.81). Das bedeutet, dass sie sich schwerer damit tun, Belastungen emotional zu verarbeiten, was in der Konsequenz zu impulsiven und aggressiven Reaktionen oder aber zum Verlust des Selbstwertes und zu Selbstisolation führen kann (vgl. Himmelrath, Neuhäuser, 2014, S.37f). Das niedrige Selbstwertgefühl geht oftmals mit der unkritischen Bewunderung für Vorbilder einher: Vergangene Amokläuferinnen und Amokläufer werden dann zu Heldinnen und Helden stilisiert (vgl. Engels, 2007, S.50).

Gleichzeitig werden die Täterinnen und Täter häufig mit **narzisstischen Persönlichkeitszügen** in Verbindung gebracht (vgl. Bödecker, 2004, S.158). Zum einen weist hierauf die Selbstbezogenheit der Täterinnen und Täter hin, die insbesondere in jüngeren Fällen die Tat gezielt so inszeniert haben, dass das Medienecho ein möglichst großes ist (vgl. Horn, 2012, S.35; Robertz, Wickenhäuser, 2010, S.103f). Zum anderen lässt sich eine erhöhte Kränkbarkeit der betreffenden Personen erkennen, aufgrund welcher diese stärker auf tatsächliche oder vermeintliche Demütigungen reagieren (vgl. Hoffmann, 2007, S.28f). Narzisstische Personen tun sich ferner schwer damit, die Gefühle ihrer Mitmenschen nachzuvollziehen, weswegen es zu aggressiven Wutausbrüchen kommen kann, wenn die Realität sich nicht an dem Willen der Narzisstin oder des Narzissten ausrichtet (vgl. Bödecker, 2004, S.158ff).

Viele Täterinnen und Täter weisen zudem **Aufmerksamkeitsdefizite** auf, die sich negativ auf ihr soziales Leben sowie auf ihre Schulleistungen auswirken (vgl. Himmelrath, Neuhäuser, 2014, S.73). Dies kann Gefühle der Demütigung verstärken und Vergeltungsbedürfnisse wecken.

4.2.3 Spirale der Aggressivität und gewalthaltige Fantasien

Die Aggression der späteren Täterinnen und Täter manifestiert sie sich in der Regel zunächst in intensiven Gewaltfantasien, in denen sie die Kontrolle zurückerlangen und ihre empfundene Überlegenheit ausleben können (vgl. Pollmann, 2008, S.78). Dies entspricht dem „*Versuch, Gefühle von Scham und Demütigung in Gefühle des Stolzes umzukehren*" (Aronson, Wilson, Akert, 2008, S.414). Da die Realität negativ erlebt wird, flüchten sich die betreffenden Personen also immer weiter in ihre gewalthaltige Fantasiewelt, wodurch gleichzeitig die Motivation genommen wird, etwas an der unangenehmen Realität zu verändern (vgl. Seidel, 2013, S.21f).

Die Gewaltfantasien sind dabei zunächst nicht unbedingt umsetzungsorientiert und können umgekehrt einen kathartischen, beruhigenden Effekt haben (vgl. Robertz, 2007b, S.72; Robertz, Wickenhäuser, 2010, S.87). Um einen Umsetzungswillen zu entwickeln, müssen nicht nur gesellschaftliche Normen, sondern auch die allen Menschen eigene Tötungshemmung überwunden werden (vgl. Robertz, Wickenhäuser, 2010, S.87). Zudem müssen die späteren Täterinnen und Täter die Möglichkeit des eigenen Todes akzeptieren (vgl. Huck, 2012, S.8). Dies macht deutlich, weshalb eine emotionale Abstumpfung, z.B. durch Ego-Shooter und andere gewalthaltige Medien, die Umsetzungsorientierung gewalthaltiger Fantasien erhöhen kann (siehe hierzu auch Kapitel 4.1.2).

Reicht die reine Fantasie nicht mehr aus, beginnen die Personen sich mit der Umsetzung einer entsprechenden Tat zu beschäftigen, Recherchen zu Amokläufen anzustellen, den Erwerb der Waffen zu planen und Todeslisten zu schreiben (vgl. Engels, 2007, S.50; Himmelrath, Neuhäuser, 2014, S.68; Robertz, 2007a, S.17). Die Gewaltfantasien sind nun nicht mehr beruhigend, sondern stimulierend (vgl. Seidel, 2013, 32ff). Die Planung der Tat nimmt immer konkretere, immer umsetzungsorientiertere Züge an (vgl. Scheithauer, Bondü, 2011, S.63).

Gemäß der Frustrations-Aggressions-Hypothese kommt es schließlich dann zu einem aggressiven bzw. gewalttätigen Ausbruch, wenn den betreffenden Personen ein grundlegendes Bedürfnis, z.B. Nähe oder Anerkennung, versagt wird (vgl. Hogg, Michael A., Vaughan, Graham M., 2008, S.451f). Obwohl die Tat also oftmals von langer Hand geplant ist, führt in der Regel erst eine besonders schwere Demütigung, Zurückweisung oder Verlusterfahrung zur endgültigen Eskalation (vgl. Seidel, 2013, S.35).

Die Täterinnen und Täter, die nunmehr über Leben und Tod entscheiden können, empfinden sich dabei als gottähnlich und möchten anderen Personen ebenso wie sich selbst zeigen, wie viel Macht sie haben und wie viel Angst sie in der Schulgemeinschaft und Öffentlichkeit auslösen können (vgl. Robertz, Wickenhäuser, 2010, S.12f). Dass School Shootings Wut und Schock auslösen, war den betreffenden Personen dabei nicht nur bewusst: „*Die Öffentlichkeit und die Medien werden von den Tätern [sic!] dabei in erster Linie als Publikum gesehen, um Rache und Aufmerksamkeitstaten entsprechend zu inszenieren*" (Himmelrath, Neuhäuser, 2014, S.17).

4.2.4 (Psycho-)pathologische Hintergründe

Die Täterinnen und Täter betonten ihren Mitschülerinnen und Mitschülern gegenüber oftmals, dass *„etwas mit ihnen nicht stimme"* (Himmelrath, Neuhäuser, 2014, S.78). Tatsächlich werden manche der Taten mit psychotischen Schüben, affektiven Störungen, Störungen der Impulskontrolle, antisozialen, paranoiden oder narzisstischen Persönlichkeitsstörungen oder Borderline-Persönlichkeitsstörungen in Verbindung gebracht (vgl. Horn, 2012, S.32; Seidel, 2013, S.57).

Viele der Videos und Tagebucheinträge der Täterinnen und Täter zeugen etwa von einer etwaigen **narzisstischen Persönlichkeitsstörung**: Verkürzt kompensieren die Betroffenen ihre Minderwertigkeitsgefühle durch einen Größenwahn und Versuche, das soziale Umfeld von der eigenen Überlegenheit zu überzeugen (vgl. Seidel, 2013, S.58f). Dies bewirkt, dass die Personen finden, dass ihnen mehr zustünde und dass sie sich mit allen Mitteln holen sollten, was sie, ihrer Meinung nach, verdient haben (vgl. Aronson, Akert, Wilson, 2008, S.406ff). Hieraus resultieren nicht selten auch starke sadistische Tendenzen (vgl. Seidel, 2013, S.59).

In anderen Fällen stützte sich die Verteidigung der Amokläuferinnen bzw. Amokläufer darauf, dass die Täterinnen bzw. Täter durch **psychotische Schübe** ausgelöste Wahnvorstellungen gehabt hätten (vgl. Adler, 2009, S.20ff). In einigen Fällen wird dabei von einer 10-Minuten-Schizophrenie gesprochen, womit gemeint ist, dass die betreffenden Personen nicht grundsätzlich psychisch krank waren, in ihrer kurz andauernden Rage aber entsprechende Symptome zeigten und Realität und Fantasie nicht mehr unterscheiden konnten (vgl. Robertz, 2004, S.193).

Besonders häufig wird angenommen, dass die Täterinnen und Täter unter schweren **Depressionen** und Gefühlen der Ausweglosigkeit, die zum Teil in suizidale Gedanken oder Handlungen kulminierten, litten (vgl. Leary, Mark R., Kowalski, Robin M., Smith, Laura, Phillips, Stephen, 2003, S.202ff). Dies liegt auch darin begründet, dass die betreffenden Personen ihre gewalthaltigen Fantasien so lange unterdrückten, bis sich die Fremd- schließlich in Selbstaggression umkehrte (vgl. Huck, 2012, S.46). Als Indiz für die depressiven und suizidalen Tendenzen wird herangezogen, dass zahlreiche der schulbezogenen Amokläuferinnen und Amokläufer die Tat mit dem eigenen Suizid beendeten oder sich von der Polizei erschießen ließen: Manche Expertinnen und Experten beschreiben einen Amoklauf daher als einen erweiterten Suizid (vgl. Adler, 2000, S.43; Seidel, 2013, S.23; Wolfersdorfer, Manfred, Etzersdorfer, Elmar, 2011, S.37).

Obwohl viele der Amokläuferinnen und Amokläufer retrospektiv betrachtet Anzeichen von psychischen Erkrankungen zeigten, bestand nur in seltenen Fällen zum Zeitpunkt der Tat eine entsprechende Diagnose (vgl. Robertz, 2004, S.102). Selbst wenn die betreffenden Personen z.B. eine Psychotherapie in Anspruch nahmen, fiel es ihnen in der Regel schwer, Vertrauen zur Therapeutin oder dem Therapeuten aufzubauen, weshalb sie ihre geplante Tat vor dieser oder diesem auch nicht erwähnten (vgl. Huck, 2012, S.5). So wird etwa angenommen, dass Eric Harris, einer der Täter des Columbine-Shootings 1999, eine schwere Persönlichkeitsstörung hatte – dennoch hatte nicht einmal sein Psychiater, bei dem er wegen einer leichten Depression in Behandlung war, einen entsprechenden Verdacht (vgl. Aronson, Akert, Wilson, 2008, S.414). Eine Diagnose im Anschluss an die Tat ist schwierig bis unmöglich, zumal das Verbrechen in mehreren Fällen, wie auch im Falle Harris, mit dem Suizid der Täterinnen oder Täter endete (vgl. Gray, 2007, S.247ff): *„Die in Fallbeispielen zu findenden Symptome genügen entsprechend den Klassifikationsschemata fast nie zur Diagnose einer gravierenden psychischen Störung"* (Robertz, Wickenhäuser, 2010, S.31).

4.3 Der Einfluss der sozialen Situation

Gerade im Kindes- und Jugendalter, das von zahlreichen Aufgaben der Identitätsentwicklungen geprägt ist (siehe auch Kapitel 4.2.1), sind die Schule, Gleichaltrige (Peers) und die Familie die drei zentralen Sozialisationsinstanzen und Anerkennungsquellen (vgl. Böckler, Seeger, 2010, S.44f). Negative Erfahrungen in diesen Bereichen, z.B. Mobbing oder Gewalt, aber auch das Fehlen positiver Bestärkung können Frustration und, in der Folge, Aggression in den Heranwachsenden hervorrufen.

4.3.1 Schulklima

Expertinnen und Experten beschreiben die Institution Schule, unabhängig von der Qualität der Lehrkräfte und dem Umgang der Schülerinnen und Schüler untereinander, zuweilen als ein System struktureller Gewalt, in dem sich vor allem solche Kinder und Jugendliche, die den kompetitiven Leistungs- und Anpassungsnormen tatsächlich oder vermeintlich nicht gerecht werden können, ohnmächtig, hilflos und alleine fühlen (vgl. Engels, 2007, S.41; Huck, 2012, S.114; Schnabel, 2002, Internet). *„Ein gefühlter essenzieller Mangel an eigenen Kontrollmöglichkeiten kann zur Anwendung von schweren Formen zielgerichteter Gewalt beitragen"*, betonen auch Robertz und Wickenhäuser (2010, S.46).

Das Schulklima der späteren Amokläuferinnen und Amokläufer war oftmals von fehlender Akzeptanz individueller Schwächen und mangelnder Anerkennung und Wertschätzung positiver Eigenschaften der Schülerinnen und Schüler, die sich nicht unbedingt in den Schulleistungen widerspiegeln, geprägt (vgl. Schnabel, 2002, Internet). Unter anderem aus Zeitgründen werden **Normabweichungen, Verhaltensauffälligkeiten und mangelhafte Schulleistungen** zu häufig sanktioniert, ohne dass die dahinterliegenden Problematiken und das drohende Gewaltpotential erkannt werden (vgl. Faust, 2010, S.37ff). In vielen Fällen fühlten sich die späteren Amokläuferinnen und Amokläufer von ihren Lehrpersonen ungerecht behandelt oder nahmen sie als sehr autoritär und dominant wahr (vgl. Hoffmann, 2007, S.29). Dies mag auch in Attributionsfehlern begründet liegen, die bedingen, dass Lehrkräfte Schülerinnen und Schülern, die schlechte Leistungen erbrachten, auch zukünftig schlechte Leistungen unterstellen, worunter die objektive Leistungsbeurteilung leiden kann (vgl. Horn, 2012, S.28). Hierdurch aber kommt es zu einem gefährlichen Teufelskreis, da dadurch wiederum das Vertrauen der Schülerinnen und Schüler in ihre Lehrkräfte – und damit die Bereitschaft, sich diesen zu öffnen – sinkt (vgl. Faust, 2010, S.37ff).

Häufig wird zudem problematisiert, dass **Wettbewerbs- und Leistungsdruck** unter den Schülerinnen und Schülern zunehmen (vgl. Faust, 2010, S.44ff). Dies kann etwa in der Entwicklung in Richtung einer Wissens- und Leistungsgesellschaft sowie in, durch eine Rezession verstärkt wahrgenommenen, Arbeitsmarktproblemen begründet liegen, durch die jene Personen, deren Stärken in der Institution Schule nicht erkannt werden, große Zukunftsängste entwickeln können (vgl. Huck, 2012, S.91). Den Schülerinnen und Schülern ist nämlich durchaus bewusst, dass der Selektionsmechanismus der Schule auch Einfluss auf ihr späteres Leben hat, d.h. dass zum Beispiel mangelnde schulische Qualifikationen sozialen Ausschluss bedingen können (vgl. Horn, 2012, S.36). Hinzu kommt, dass viele der Täterinnen und Täter schlechte Schulleistungen erbrachten, wodurch sie noch stärker als ihre Mitschülerinnen und Mitschüler unter diesem Druck litten (vgl. Engels, 2007, S.50).

4.3.2 Mobbing bzw. Bullying

„Mobbing" bzw. „Bullying" beschreibt die wiederholte und systematische Erniedrigung einer Person durch eine oder mehrere andere Personen über einen längeren Zeitraum hinweg (vgl. Lines, Dennis, 2008, S.17ff). Dies kann physische Gewalt inkludieren, meint in der Regel aber vorrangig psychische und soziale Gewaltformen (vgl. Lines, 2008, S.18). An österreichischen Schulen nehmen diese Phänomene der Gewalt und Aggression bedenkliche Ausmaße an (vgl. Himmelrath, Neuhäuser, 2014, S.71). Jede zehnte Schülerin bzw. jeder zehnte Schüler wird regelmäßig physisch von Gleichaltrigen attackiert; verbale Angriffe sind sogar noch häufiger (vgl. Himmelrath, Neuhäuser, 2014, S.71). Physische Gewalt geht dabei häufig von Burschen aus, während Mädchen eher Gerüchte verbreiten oder Mitschülerinnen bzw. Mitschüler sozial ausschließen (vgl. Aronson, Wilson, Akert, 2008, S.388f).

Immer gravierendere Bedeutung hat zudem Gewalt im Internet. „Cybermobbing" oder „Cyberbullying" beschreibt unterschiedliche Formen digitaler Aggression, etwa das Verbreiten von Gerüchten, die Äußerung von Beleidigungen und Bedrohungen, der systematische Ausschluss mancher Personen aus Gruppen oder gemeinsamen Chats, die unerwünschte Verbreitung von (gefälschten) Fotos oder Videos, die Einrichtung von „Hassgruppen" oder die Nutzung eines gefälschten Profils der jeweiligen Person (vgl. Himmelrath, Neuhäuser, 2014, S.79). Aufgrund der relativen Anonymität und der zeitlichen und örtlichen Unabhängigkeit sind die Hemmschwellen Gewalt zu verüben im Internet geringer; zudem sind die Verbreitungsmöglichkeiten größer und die Rückzugs-, Kontroll- und Korrekturmöglichkeiten geringer. Die Anonymität digitaler Aggression kann hierbei den Verlust jeglichen Vertrauens bewirken, da die Opfer nicht eruieren können, von wem sie attackiert wurden (vgl. Huck, 2012, S.26).

Videos, Tagebucheinträge und schriftliche oder verbale Äußerungen der Täterinnen und Täter machen deutlich, dass eines der Hauptmotive in der Regel jenes war, dass sie sich isoliert, wie Außenseiterinnen oder Außenseiter und unfair behandelt fühlten und nicht die Anerkennung und Akzeptanz bekamen, die sie gerne gehabt haben (vgl. Scheithauer, Bondü, 2011, S.84ff). Viele der Schülerinnen und Schüler, die Amokdrohungen aussprachen, geben an, zuvor von Gleichaltrigen gemobbt worden zu sein (vgl. Himmelrath, Neuhäuser, 2014, S.74; Robertz, Wickenhäuser, 2010, S.33). Sie fühlten sich gedemütigt und in ihrem Selbstwert angegriffen, was wiederum zu Verzweiflung, Wut und Hass geführt hat (vgl. Engels, 2007, S.41). Der Amoklauf wurde in der Folge als Racheakt für sämtliche erlebten Demütigungen empfunden (vgl. Scheithauer, Bondü, 2011, S.84ff).

4.3.3 Soziale Isolation und Einzelgängertum

Die späteren Täterinnen und Täter hatten mehrheitlich das Gefühl, keine Bezugsperson zu haben, der sie sich emotional öffnen und nahe fühlen konnten (vgl. Seidel, 2013, S.42). Daher erhielten sie, ihrer Ansicht nach, auch keine psychosoziale Unterstützung bei einer etwaigen gewaltfreien Lösung ihrer Probleme (vgl. Scheithauer, Bondü, 2011, S.82). Die extreme Gewalteskalation kann hier als Schrei nach Aufmerksamkeit und Anerkennung gesehen werden (vgl. Leary, Kowalski, Smith, Phillips, 2003, S.203f).

Jedoch muss betont werden, dass die Demütigungen und Mobbingerfahrungen, laut den Aussagen ihres sozialen Umfelds, in vielen Fällen nur in der Fantasie der Täterinnen und Täter stattfanden (vgl. Himmelrath, Neuhäuser, 2014, S.78; Robertz, 2007, S.29). Es scheint, als sei es in aller Regel nicht zu offenen Konfrontationen gekommen: Viel eher lebten die betreffenden Heranwachsenden neben ihren Mitschülerinnen und Mitschülern her, da sie sich für wenig „Jugendtypisches" interessierten (vgl. Bannenberg, 2010, S.97). Es wird davon ausgegangen, dass sie zwar den Wunsch nach Kontakt und Anerkennung verspürten, aber solche Angst davor hatten, zurückgewiesen zu werden, dass sie sich vorsorglich selbst von anderen Jugendlichen distanzierten und sich als Einzelgängerinnen und Einzelgänger stilisierten (vgl. Bödecker, 2004, S.168ff; Faust, 2010, S.50ff). Dies passt damit zusammen, dass die späteren Täterinnen und Täter häufig als misstrauisch und empfindlich beschrieben wurden (vgl. Scheithauer, Bondü, 2011, S.53).

In einigen Fällen reagierten die betreffenden Jugendlichen auf ihre Peers ablehnend und herablassend; ehrliche Kontaktangebote wurden unfreundlich zurückgewiesen (vgl. Hoffmann, 2007, S.29). In anderen Fällen gingen sie zwischenmenschliche Beziehungen ein, die nach außen normal wirkten, die sie selbst aber als wenig belastbar empfanden (vgl. Huck, 2012, S.9). Die Freundinnen und Freunde, die sie fanden, hatten meist selbst einen Außenseiterinnen- bzw. Außenseiterstatus (vgl. Pollmann, 2008, S.72). Dabei kam es immer wieder vor, dass diese Freundinnen und Freunde, die sich selbst unverstanden und schlecht behandelt fühlten, die späteren Täterinnen oder Täter nicht ernstnahmen, ihre Fantasien anheizten und sogar zusätzliche Namen auf die etwaige Todesliste setzten (vgl. Hoffmann, 2007, S.29; Robertz, 2007a, S.17).

4.3.4 Familiärer Hintergrund

Obwohl dies medial teilweise so dargestellt wurde, handelte es sich bei den Familien der Täterinnen und Täter keineswegs um sogenannte „broken homes" (vgl. Schröter, 2011, S.70). Nach außen hin erscheinen die Elternhäuser der meisten Amokläuferinnen und Amokläufer unauffällig: Risikofaktoren wie Gewalt, Suchtproblematiken oder Vernachlässigung waren nicht vorhanden (vgl. Gehl, Günter, 2011, S.20). Auch finanzielle Probleme bestanden in der Regel nicht; die meisten der Täterinnen und Täter stammen aus Familien mit mittlerem Einkommen (vgl. Huck, 2012, S.42).

Bei genauerer Betrachtung wird jedoch offenbar, dass es den zwischenmenschlichen Beziehungen innerhalb der Familie häufig an emotionaler Nähe, Wärme und Zusammenhalt mangelte (vgl. Böckler, Seeger, 2010, S.57). Auch die Jugendlichen selbst empfanden ihre Familie in einigen Fällen als wenig stabil (vgl. Pollmann, 2008, S.71f).

Die **Eltern** wurden häufig als vergleichsweise desinteressiert und gleichgültig beschrieben (vgl. Horn, 2012, S.29). Einige der Jugendlichen hatten das Gefühl, die Anerkennung und Zuneigung ihrer Eltern wäre von ihrer Leistung und ihrem Erfolg abhängig, was, insbesondere gepaart mit den oftmals schlechten Schulleistungen der Täterinnen und Täter, zu Frustration und Gefühlen der Minderwertigkeit führen kann (vgl. Huck, 2012, S.18f). Gerade männliche Jugendliche bekommen in einem solchen Umfeld oft den Eindruck, die Ausübung von Gewalt wäre ein Weg, um sich Macht – und damit Anerkennung – zu verschaffen (vgl. Böckler, Seeger, 2010, S.68f).

Auch etwaige **Geschwister** stellten für die späteren Amokläuferinnen und Amokläufer häufig keine Quelle der emotionalen Nähe oder sozialen Anerkennung dar: Ihre Schwestern oder Brüder waren oft schulisch oder beruflich erfolgreicher und trugen damit potentiell zum geringen Selbstbewusstsein der späteren Täterinnen und Täter bei (vgl. Brumme, Robert, 2011, S.38).

Ein solcher familiärer Hintergrund kann einerseits einen Mangel an Selbstbewusstsein sowie die Herausbildung von Identitätskrisen bewirken; andererseits kommen die entsprechenden Eltern auch ihrer sozialen Kontrollfunktion nur unzureichend nach und bemerken kaum, wenn sich ihre Kinder mit destruktiven Inhalten beschäftigen (vgl. Brumme, 2011, S.38ff). Zudem kann es in der Folge passieren, dass Sozialkompetenzen und Kontaktfähigkeit schlechter ausgebildet werden (vgl. Böckler, Seeger, 2010, S.57).

5 Vorbeugung

Obwohl die Grenzen fließend sind, können Versuche zur Bekämpfung schulbezogener Amokläufe in primäre, sekundäre und tertiäre Präventionsmaßnahmen unterteilt werden. Am häufigsten diskutiert wird die **primäre Prävention**, die Möglichkeiten beschreibt zu verhindern, dass Kinder und Jugendliche Gewaltfantasien entwickeln und in eine Aggressionsspirale rutschen (vgl. Autrata, Otger, Scheu, Bringfriede, 2008, S.105). Dies inkludiert eine Verbesserung des Schulklimas, die Vermittlung sozialer Kompetenzen über die Schule und Maßnahmen zur Mobbingprävention. **Sekundäre Prävention** hingegen meint Vorkehrungen, durch die problematische Entwicklungen und Verhaltensweisen korrigiert werden, bevor es zur Eskalation kommt (vgl. Autrata, Scheu, 2008, S.105). Der richtige Umgang mit Warnhinweisen ist dabei ebenso zu diskutieren wie die Wirkung von Strafandrohungen. Die **tertiäre Prävention** bzw. Intervention beschreibt schließlich den Umgang mit der Tat an sich, d.h. das Verhalten während und nach dem schulbezogenen Amoklauf (vgl. Autrata, Scheu, 2008, S.105). Neben dem Erkennen des Gefahrenpotentials und unmittelbaren Schutzmaßnahmen während der Gewalttat werden hier vor allem Richtlinien für eine reflektierte und zurückhaltende Berichterstattung thematisiert.

5.1 Primäre Prävention

5.1.1 Verbesserung des Schulklimas

Expertinnen und Experten sind sich einig, dass Maßnahmen der Frühprävention schulbezogener Amokläufe auf die Verbesserung des Schulklimas und den Abbau von Schulangst abzielen sollten (vgl. Aronson, Wilson, Akert, 2008, S.409ff; Himmelrath, Neuhäuser, 2014, S.67ff; Huck, 2012, S.114).

Die empirische Forschung zeigt, wie wichtig **wertschätzende, gleichberechtigte und offene Kommunikation** zwischen Lernenden und Lehrenden für die Gewaltprävention ist (vgl. Robertz, Wickenhäuser, 2010, S.133). Lehrerinnen und Lehrer können zu wichtigen Vertrauenspersonen oder sogar Vorbildern werden, die negative Einflüsse, z.B. durch Peers oder ein problematisches familiäres Umfeld, abschwächen, insofern sie den Schülerinnen und Schülern emotional engagiert erscheinen (vgl. Pollmann, 2008, S.118ff). Um dies zu gewährleisten, kann es sinnvoll sein, in der Lehrerinnen- und Lehrerausbildung verstärkt psychologische Fertigkeiten zu lehren (vgl. Bödecker, 2004, S.193). Doch auch die Einstellung zusätzlicher Vertrauenslehrerinnen oder Vertrauenslehrer, mit denen zu sprechen den Schülerinnen und Schülern oftmals leichter fällt, kann zielführend sein (vgl. Horn, 2012, S.53).

Ferner ist essentiell, **Beurteilungskriterien und Verhaltensregeln transparent** zu machen, um zu verhindern, dass Schülerinnen und Schüler sich vorsätzlich unfair behandelt fühlen (vgl. Himmelrath, Neuhäuser, 2014, S.125). Aggression nämlich wird umso eher als Reaktion auf Frustration gewählt, je ungerechter die jeweilige Person sich behandelt fühlt (vgl. Böckler, Seeger, 2010, S.54). Wo möglich, sollte hierbei versucht werden, den Jugendlichen einen gewissen Grad an Kontrolle und Mitbestimmung zuzugestehen, wenn es um die Festlegung der Kriterien und Normen geht (vgl. Bödecker, 2004, S.205).

Normabweichungen, Verhaltensauffälligkeiten und mangelhafte Leistung sollten schließlich nicht (nur) kritisiert, sondern auch als Hilferufe erkannt werden: Reines „Wegschauen" muss ebenso vermieden werden wie der soziale Ausschluss der entsprechenden „Problemschülerinnen und Problemschüler" (vgl. Robertz, 2004, S.143ff).

Vor allem in den USA überlegten manche Expertinnen und Experten zudem, dass eine Problematik darin besteht, dass Lehrkräfte mehrheitlich weiblich sind, was dazu führen kann, dass Schülerinnen gegenüber Schülern bevorzugt werden und/oder es Schülern an männlichen Vorbildern mangelt (vgl. Himmelrath, Neuhäuser, 2014, S.69). Um dagegen vorzugehen empfehlen die entsprechenden Personen die Wiedereinführung von Jungen- bzw. Mädchenschulen sowie das verstärkte Einstellen männlichen Lehrpersonals (vgl. Himmelrath, Neuhäuser, 2014, S.69).

5.1.2 Förderung von Beziehungen zwischen Schülerinnen und Schülern

Auch unter den Schülerinnen und Schülern selbst sollte ein wertschätzendes Klima geschaffen werden, das von gegenseitigem Respekt, offener Kommunikation und Toleranz geprägt ist (vgl. Pollmann, 2008, S.199f).

Dies kann etwa durch kooperative **Gruppenprojekte**, in denen sie gemeinsam ein Ziel verfolgen, geschehen (vgl. Robertz, Wickenhäuser, 2010, S.48). Beispielsweise könnten die Jugendlichen in die Planung von Schulaufführungen und -veranstaltungen einbezogen werden (vgl. Himmelrath, Neuhäuser, 2014, S.126). Erstens reduzieren intensive emotionale Bindungen zwischen den Schülerinnen und Schülern das Gewaltpotential enorm; zweitens bietet eine ausfüllende Beschäftigung weniger Gelegenheiten, Gewaltfantasien nachzuhängen; und drittens bieten Projekte wie diese den Schülerinnen und Schüler die Chance, ein Gefühl von Verpflichtung und Sinn zu erleben, das den Selbstwert erhöhen kann (vgl. Pollmann, 2008, S.98).

Ferner werden sogenannte **Buddy-Projekte** vorgeschlagen, im Zuge derer die Schülerinnen und Schüler Partnerinnen- und Partnerschaften bzw. Patinnen- und Patenschaften eingehen, aufeinander achten, füreinander da sind und miteinander lernen (vgl. Bödecker, 2004, S.216ff). Eine ähnliche Herangehensweise stellen **Streitschlichterinnen- bzw. Streitschlichterprojekte** dar, in denen sogenannte Mediatorinnen oder Mediatoren in aufgetretenen Konflikten zwischen ihren Mitschülerinnen und Mitschülern vermitteln (vgl. Horn, 2012, S.52).

5.1.3 Vermittlung von Sozialkompetenz

Die Schule ist nicht nur eine Vermittlerin von faktischem Wissen, sondern auch von gesellschaftlichen Werten und sozialen Kompetenzen (vgl. Horn, 2012, S.35). Schülerinnen und Schüler können besser mit Frustration, Meinungsverschiedenheiten und Konflikten umgehen, wenn sie dabei unterstützt werden, ihre Sozialkompetenz auszubauen (vgl. Robertz, 2007a, S.11). Natürlich sollten hierbei Strategien der konstruktiven Konfliktlösung nicht nur gelehrt, sondern auch vorgelebt werden (vgl. Pollmann, 2008, S.119f).

Insbesondere sollten innerhalb des Regelunterrichts **Kommunikations- und Konfliktfähigkeit, Perspektivenübernahme und Impulskontrolle**, aber auch das Kennen und Akzeptieren der eigenen Grenzen und Schwächen geübt werden (vgl. Bödecker, 2004, S.199ff). Feshbach etwa entwickelte ein 30-stündiges Schulprogramm für Grundschulkinder, in denen die Schülerinnen und Schüler lernen, sich in andere Personen hineinzuversetzen, indem sie etwa Geschichten hören und diese aus der Sicht der unterschiedlichen Figuren nacherzählen (vgl. Aronson, Wilson, Akert, 2008, S. 412). Am Ende des Programms verhalten sich die Kinder nachweislich nicht nur empathischer, sondern weisen einen höheren Selbstwert, mehr Großzügigkeit, positivere Einstellungen und weniger Aggressionsbereitschaft auf (vgl. Aronson, Wilson, Akert, 2008, S.412).

Auch die **Stärkung von Selbstbewusstsein und Selbstwirksamkeit** hilft den Heranwachsenden dabei, sich ohne Gewaltausübung sicher und „mächtig" zu fühlen (vgl. Huck, 2012, S.114). Individuelle Stärken, die sich nicht in den Schulleistungen widerspiegeln, anzuerkennen, wertzuschätzen und zu fördern sowie

Zukunftsängste abzubauen ist zentral (vgl. Schnabel, 2002, Internet). „*Die Leistungsbewertung sollte unter Berücksichtigung und Wertschätzung der Persönlichkeit des* [sic!] *Jugendlichen / Kindes stattfinden*", pflichten Himmelrath und Neuhäuser (2014, S.125) bei, „*Es gibt andere Prädispositionen eines jeden Menschen, welche immer die Beurteilung leiten sollten. Das Relevante bildet die Anstrengung.*" Natürlich müssen manche Schwächen angesprochen werden, dabei sollte aber darauf geachtet werden, Kritik wertschätzend zu formulieren (vgl. Bödecker, 2004, S.203ff). Eine Möglichkeit, individuelle Stärken sichtbarzumachen, sind etwa Freifächer, in denen musikalische, kreative, sportliche oder technische Begabungen gefördert werden (vgl. Horn, 2012, S.52).

5.1.4 Mobbingprävention

Die klassische Mobbingprävention beruht auf der Vermittlung von Sozialkompetenzen und moralischen Werten (vgl. Sticca, Fabio, Perren, Sonja, 2013, S.739ff). Um Cybermobbing einzudämmen, ist zusätzlich die Vermittlung von Internet- und Medienkompetenz erforderlich; hiermit beschäftigt sich das mittlerweile auch in Österreich angebotene Projekt „Medienhelden" (vgl. Schultze-Krumbholz, Anja, Scheithauer, Herbert, Zagorscak, Pavle, 2012, S.18ff).

Es ist essentiell, darauf hinzuarbeiten, dass sämtliche Mitglieder der Schulgemeinschaft die gleichen, **gewaltfreien Normen** und Werte unterstützen (vgl. Horn, 2012, S.39). Schülerinnen und Schüler, Lehrkräfte und Eltern müssen dabei gleichermaßen auf ihre Mitverantwortung aufmerksam gemacht werden (vgl. Sticca, Perren, 2013, S.747ff). Dies ist auch bedeutsam, um etwaigen betroffenen Schülerinnen und Schülern zu kommunizieren, dass sie nicht alleine gelassen werden. Denn Aggression wird vor allem dann als Strategie zum Umgang mit Frustration gewählt, wenn die Betroffenen den Eindruck bekommen, dass die Belastungen fernab sozialer Kontrollinstanzen geschehen (vgl. Böckler, Seeger, 2010, S.55). Diesbezügliche Beratung für pädagogisches Personal und für Eltern bietet beispielsweise der Verein „Sprache gegen Gewalt" (vgl. Blandow, Rolf, Knabe, Judith, Ottersbach, Markus, 2012, S.221).

Um die **Krisenerkennung und die gewaltfreie Lösung** zu üben, werden ferner Theaterprojekte empfohlen (vgl. Huck, 2012, S.115). Vor allem auf Rollenspielen, Imaginationstechniken und Übungen zur Perspektivenübernahme basiert etwa das Faustlos-Programm für Kindergärten und Grundschulen nach Cierpka (vgl. Cierpka, Manfred, 2005, S.22ff). In ähnlich ganzheitlicher Weise setzt das Freiburger Anti-Gewalt-Training (FAGT) gemäß Fröhlich-Gildhoff bei den Faktoren an, die

Aggression und Gewaltbereitschaft zugrundeliegen können, indem z.B. versucht wird, eine inadäquate Selbst- und Fremdwahrnehmung, unzureichende Selbststeuerung, geringen Selbstwert oder unzureichende soziale Kompetenzen zu korrigieren (vgl. Fröhlich-Gildhoff, Klaus, 2006, S.15ff). Großen empirischen Erfolg hatte zudem das Bullying Prevention Programme nach Olweus, das Schülerinnen und Schüler durch das Zeigen von Filmen motiviert, Empathie für die Opfer von Mobbing aufzubringen und gewaltfreie Lösungen zu diskutieren (vgl. Aronson, Wilson, Akert, 2008, S.404).

5.2 Sekundäre Prävention

5.2.1 Androhung von Strafe

Aufgrund des jungen Alters einiger Amokläuferinnen und Amokläufer wurde in den USA das Strafmaß für minderjährige Gewalttäterinnen und Gewalttäter verschärft (vgl. Robertz, Wickenhäuser, 2010, S.21). Im Gegensatz zu anderen Verbrechen hat jedoch die Androhung von Strafe im Falle schulbezogener Amokläufe kaum präventive Wirkung (vgl. Aronson, Wilson, Akert, 2008, S.543ff). Dies liegt zum einen in dem Realitätsverlust begründet, den die Täterinnen und Täter zu diesem Zeitpunkt oft erleben, zum anderen in der Tatsache, dass viele ohnehin planen, ihre Tat mit dem eigenen Suizid zu beenden (vgl. Himmelrath, Neuhäuser, 2014, S.35). Dennoch wird empfohlen, Schülerinnen und Schüler über die juristischen Folgen unterschiedlicher Vergehen, insbesondere Amokdrohungen, aufzuklären: Die gezielte Verringerung von Amokdrohungen, die letztlich gar nicht zu einer Straftat führen, kann verhindern, dass „echte", d.h. umsetzungsorientierte, Amokdrohungen übersehen werden (vgl. Robertz, Wickenhäuser, 2010, S.114ff).

5.2.2 Leakings erkennen und richtig einordnen

Die meisten bisherigen School Shootings wurden in direkter oder indirekter Form zuvor angekündigt (vgl. Adler, 2009, S.20ff). Dies liegt einerseits daran, dass die Täterinnen und Täter bereits durch die Androhungen und Andeutungen, auf die oftmals mit Angst oder Befremdung reagiert wird, ein Machtgefühl erleben können (vgl. Himmelrath, Neuhäuser, 2014, S.35; Robertz, 2007a, S.14). Andererseits wird aber auch vermutet, dass einige der Täterinnen und Täter spürten, dass sie die Kontrolle über die eigenen Gewaltfantasien verloren, und von ihren Mitmenschen wollten, dass die Situation entschärft wird (vgl. Seidel, 2013, S.74).

Unter dem Stichwort des Bedrohungsmanagements wird daher versucht, Warnsignale zu identifizieren, die auf die Gefahr einer Gewalteskalation hinweisen, um effektiv und frühzeitig auf diese reagieren zu können (vgl. Hoffmann, 2007, S.31). Hinsichtlich solcher Vorzeichen oder Warnhinweise wird in der Kriminologie und forensischen Psychologie von „Leakings", d.h. Lecks, gesprochen (vgl. Meier, Bernd-Dieter, 2010, S.84).

Vorankündigungen können direkt oder indirekt, bewusst oder unbewusst, kryptisch oder offen, flüchtig oder substanziell und frühzeitig oder erst kurz vor der bereits geplanten Tat geschehen (vgl. Hoffmann, 2007, S.33; Robertz, Wickenhäuser, 2010, S.117). **Direkte Leakings** meinen vorrangig verbale oder schriftliche Androhungen, z.B. in Gesprächen oder über Briefe, Aufsätze, SMS, Hasslisten oder Graffiti (vgl. Huck, 2012, S.52f). Naturgemäß spielen dabei Äußerungen in sozialen Medien, Foren und Chatrooms eine immer größere Rolle (vgl. Engels, 2007, S.46ff). Einige der Amokläuferinnen und Amokläufer nutzten soziale Medien und das Internet gezielt, um PR-Einschaltungen ähnelnde Abschiedsbotschaften zu senden, in denen sie sich selbst überhöhten und ihre Motivationen offenlegten (vgl. Robertz, 2007b, S.80ff). Die Drohungen können auch mit Darlegungen tiefer Abneigung gegenüber bestimmten oder allen Schülerinnen und Schülern bzw. Lehrerinnen und Lehrern oder Schilderungen von Rachefantasien, von Gefühlen der Ausweglosigkeit, des Bedrohtseins oder der Paranoia, von Suizidfantasien und vom Erleben eines Tunnelblicks einhergehen (vgl. Huck, 2012, S.53 & 55).

Noch häufiger geschehen Leakings aber **indirekt**, d.h. über das Auftreten und Verhalten der betreffenden Personen (vgl. Verlinden, Stephanie, Hersen, Michel, Thomas, Jay, 2000, S.47). So etwa begannen einige der Amokläuferinnen und Amokläufer vor ihrer Tat Zeitungsartikel zu Amokläufen oder anderen Gewaltverbrechen zu sammeln, gewaltverherrlichende Medien zu konsumieren, Recherche zum Bau und Einsatz von Waffen zu betreiben, Autoritäten abzulehnen oder demonstrativ Kleidung zu tragen, die die Gruppenzugehörigkeit früherer Gewaltverbrecherinnen und Gewaltverbrecher deutlich macht (vgl. Engels, 2007, S.44; Himmelrath, Neuhäuser, 2014, S.33ff; Robertz, Wickenhäuser, 2010, S.34f & 120f). Einige der Täterinnen und Täter beschäftigten sich in dieser Phase stark mit dem Tod und mit Zerstörung und zeigten nicht selten eine obsessive Verehrung realer oder fiktionaler Gewalttäter (vgl. Leary, Kowalski, Smith, Phillips, 2003, S.202f). Andere brachten bereits vor der Tat potentiell tödliche Waffen in die Schule mit, berichteten von ihren Schießübungen oder veröffentlichen in sozialen Netzwerken Fotos, in denen sie provokant mit den Waffen posierten (vgl. Huck, 2012, S.53).

Unmittelbar **vor der Tat** fielen die betreffenden Personen schließlich durch verstärkte Zurückgezogenheit und den Verfall des äußeren Erscheinungsbildes oder aber durch Impulsivität und Größenwahn auf (vgl. Himmelrath, Neuhäuser, 2014, S.33f; Robertz, Wickenhäuser, 2010, S.120f). Ihre Äußerungen deuteten nun in vielen Fällen auf Grandiositätsfantasien, Wahnvorstellungen, Paranoia und Realitätsverlust hin; sie empfanden sich selbst als Rächerinnen und Rächer, die sich zurückholen mussten, was ihnen bislang verwehrt wurde (vgl. Himmelrath, Neuhäuser, 2014, S.33ff; Robertz, Wickenhäuser, 2010, S.121).

Dass die Täterinnen und Täter oftmals zur Schulgemeinschaft gehören, erleichtert es aufmerksamem Personal grundsätzlich, die Warnzeichen wahrzunehmen und richtig einzuordnen (vgl. Schäfer, Mechthild, Sandfuchs, Uwe, Daschner, Peter, Schubarth, Wilfried, 2014, S.276). Bedeutsam ist, dass Lehrkräfte, Sozialpädagoginnen, Sozialpädagogen und ähnliche Personen auch in einen **offenen Dialog mit den Schülerinnen und Schülern** treten, um auch diese zu sensibilisieren (vgl. Robertz, Wickenhäuser, 2010, S.34f). Oftmals deuten potentielle Täterinnen und Täter ihr Vorhaben nämlich vor allem Gleichaltrigen gegenüber an (vgl. Himmelrath, Neuhäuser, 2014, S.35; Robertz, Wickenhäuser, 2010, S.118). Gleichzeitig sind es gerade diese, die explizite oder implizite Drohungen häufig nicht ernstnehmen, als Scherz auffassen (und dann unter Umständen die Amokläuferinnen und Amokläufer – vermeintlich scherzhaft – zusätzlich aufstacheln) oder befürchten, sie würden einen Ehrenkodex verletzen, wenn sie mit etwaigen Bedenken zu Eltern oder Lehrpersonal gehen (vgl. Borum, Randy, Cornell, Dewey G., Modzeleski, William, Jimerson, Shane R., 2010, S.35).

5.3 Tertiäre Prävention

5.3.1 Krisenprävention und -intervention

Krisenpräventions- und interventionspläne enthalten Informationen darüber, wie im Falle von Amokdrohungen und Amokläufen zu reagieren und wer zu kontaktieren ist (vgl. Volland, Gerd, Gerstner, Martin, 2007, S.68f). Das **Erkennen von Leakings** ist dabei die Grundlage rechtzeitiger Intervention. Damit diese auch adäquat gesetzt wird und gleichzeitig Vorverurteilungen vermieden werden, muss aber auch die Fähigkeit bestehen, die Warnhinweise richtig einzuordnen, d.h. beispielsweise festzustellen, ob es sich um Äußerungen handelt, die im Impuls geschahen oder um solche, die Symptome einer schwerwiegenden Krise, gewalthaltiger Fantasien oder konkreter Amokpläne sind (vgl. Huck, 2012, S.55f).

Ist **die Schülerin oder der Schüler bekannt**, sollte unmittelbar das Gespräch mit dieser oder diesem gesucht werden, um zu überprüfen, ob die geäußerten Drohungen umsetzungsorientiert sind. Dies kann etwa daran erkannt werden, dass die Drohungen nicht zurückgenommen werden oder bereits zum wiederholten Mal geschahen, dass die Äußerungen plausible Details enthalten oder dass sogar tatvorbereitende Handlungen erkennbar sind (vgl. Borum, Cornell, Modzeleski, Jimerson, 2010, S.32). Besonders sollte auch auf Schutz- ebenso wie auf Risikofaktoren geachtet werden, d.h. beispielsweise darauf, ob die jeweilige Schülerin oder der jeweilige Schüler eine Bindung an einen verantwortungsvollen Erwachsenen hat, ob großer Leidensdruck besteht, ob sie oder er bereits einen Tunnelblick aufweist, ob ein psychopathologischer Hintergrund vorliegt und ob sie oder er keinen anderen Ausweg aus ihrer oder seiner Krise mehr sieht (vgl. Huck, 2012, S.56).

In einem solchen Gespräch ist jedoch klarzustellen, dass es nicht darum geht, die betreffende Person zu schelten oder zu sanktionieren, sondern sie zu unterstützen. Hat die Schülerin oder der Schüler etwa eine Amokdrohung ausgesprochen, sollte sie oder er selbst herausarbeiten, welche Konsequenzen dies hätte haben können (vgl. Himmelrath, Neuhäuser, 2014, S.114). Auch wenn festgestellt wird, dass der Fall grundsätzlich **unbedenklich** ist, d.h. kein Umsetzungswille besteht, kann eine psychotherapeutische Weiterbetreuung zur Krisenbewältigung, zum Aufbau von Copingstrategien und zur Entwicklung von Perspektiven sinnvoll und notwendig sein (vgl. Huck, 2012, S.95ff). In Fällen, die von den Lehrkräften, von psychologischem Fachpersonal oder von der Polizei als **ernsthaft** eingestuft werden, müssen Überlegungen zur weiteren Schullaufbahn – unter Einbeziehung der gesetzlichen Lage – angestellt werden (vgl. Himmelrath, Neuhäuser, 2014, S.115). Die Entscheidung, ob z.B. Hausdurchsuchungen, Strafanzeigen, Schulverweise, Festnahmen oder der gezielte Schutz bedrohter Personen erforderlich sind, obliegt der Exekutive (vgl. Robertz, Wickenhäuser, 2010, S.124).

Erfolgt eine **Drohung anonym**, umfassen mögliche Sicherheitsmaßnahmen beispielsweise die polizeiliche Überwachung der Schuleingänge, Ansprachen vor der gesamten Schülerinnen- und Schülergemeinschaft, ein längerfristiges Monitoring oder breit angelegte Verhaltenstrainings (vgl. Himmelrath, Neuhäuser, 2014, S.121; Robertz, Wickenhäuser, 2010, S.124).

Tritt der Ernstfall ein, sollten sowohl Lehrkräfte und anderes Schulpersonal als auch die Schülerinnen und Schüler über einen **Evakuierungsplan** Bescheid wissen (vgl. Robertz, Wickenhäuser, 2010, S.113). Besonders bedeutsam ist hier, einen

Alarm auszulösen, der klar, deutlich und unverschlüsselt ist, um einerseits möglichst viele Personen zu warnen und andererseits die Amokläuferin oder den Amokläufer womöglich zum Abbruch der Tat und zur Flucht zu bewegen (vgl. Volland, Gerstner, 2007, S.64).

Nicht zuletzt sollten bereits präventiv Überlegungen darüber angestellt werden, wie die **Nachbetreuung** der potentiell traumatisierten Schülerinnen und Schüler, Schulangestellten und Angehörigen organisiert werden kann (vgl. Pieper, Georg, 2007, S.110ff).

5.3.2 Reflektierte Berichterstattung in klassischen und sozialen Medien

Um den Werther-Effekt (siehe auch Kapitel 4.1.4) zu vermeiden, ist es in deutschsprachigen Medien Usus, nur in Ausnahmefällen über Suizide zu berichten (vgl. Bonfadelli, Heinz, Friemel, Thomas N., 2017, S.146). Obwohl dies, aufgrund des begründeten öffentlichen Interesses und der schnellen Verbreitung von Informationen durch soziale Medien, im Falle von schulbezogenen Amokläufen kaum in gleicher Weise umsetzbar erscheint, sollte die Berichterstattung in Massenmedien vorsichtig, distanziert und objektiv sein (vgl. Engels, 2007, S.51f). Reißerische Medienschlagzeilen gehen über die mediale Pflicht der Informationsvermittlung hinaus und können Faszination, Bewunderung und Sehnsucht unter potentiellen Täterinnen und Tätern hervorrufen, die Planung einer Tat beeinflussen und den Ausschlag zur Umsetzung einer Nachahmungstat geben (vgl. Chyi, Hsiang I., McCombs, Maxwell, 2004, S.22ff).

In Einklang mit den Empfehlungen betreffend die Berichterstattung zu Suiziden sollte ferner darauf geachtet werden, Angaben zur Identität der Täterin oder des Täters sowie zum Tathergang zu vermeiden, da hierdurch die Identifikation mit dieser oder diesem leichter fällt und Nachahmungstaten eher konkretisiert werden (vgl. Ziegler, Hegerl, 2002, S.46f). Besonders bedeutsam ist auch, keine vereinfachenden Spekulationen über Motive und Hintergründe einer Tat zu tätigen, die in der Folge der Rechtfertigung eigener Gewaltakte dienen können (vgl. Bödecker, 2004, S.163ff). Stattdessen sollte die Konzentration auf die negativen Folgen und die Opfer der Tat gelegt werden (vgl. Brinkbäumer, Cziesche, Hoppe, Kurz, Meyer, Repke, Röbel, Smoltczyk, Wassermann, Winter, 2002, S.120f). Doch auch hierbei ist vorsichtig zu agieren: Im Falle vergangener School Shootings wurden häufig nachweislich falsche Heldinnen- und Helden- bzw. Märtyrerinnen- und Märtyrergeschichten verbreitet, durch die die öffentliche Aufmerksamkeit noch verstärkt wurde (vgl. Robertz, Wickenhäuser, 2010, S.100).

Ähnliche Richtlinien gelten auch für die Nachbesprechung einer etwaigen Tat im Unterricht (vgl. Himmelrath, Neuhäuser, 2014, S.129f).

6 Diskussion und Handlungsempfehlungen

Aus den dargestellten Ursachen und möglichen Präventionsmaßnahmen, die in der Literatur diskutiert werden, lassen sich verschiedene Handlungsempfehlungen an schulsozialpädagogische und andere schulbezogene Akteurinnen und Akteure ableiten, die zum Teil bereits, in differierendem Ausmaß, umgesetzt werden:

Unterstützung des Schulpersonals

Weiterbildungs- und Sensibilisierungsangebote

Je besser Personen auf eine Gefahrensituation vorbereitet sind, desto wahrscheinlicher ist, dass sie überhaupt, schnell und richtig reagieren. Lehrkräfte sowie anderes Schulpersonal darf sich daher nicht erst mit dem Thema schulbezogener Gewalt auseinandersetzen, wenn konkrete Verdachtsmomente vorliegen. Schulungen, insbesondere von Schlüsselmitarbeiterinnen und Schlüsselmitarbeitern, sollten gezielt sensibilisieren und über mögliche Warnhinweise, den Umgang mit Gefahrensituationen und zentrale Ansprechpartnerinnen und Ansprechpartner informieren.

Bildung eines Krisenpräventionsteams

Ein Krisenpräventionsteam besteht aus speziell geschultem Schulpersonal, das weiß, wie im Falle von Gewaltandrohungen und anderen Krisen zu reagieren und wer zu kontaktieren ist. Dieses sollte einen Leitfaden erstellen, der dabei hilft, Warnhinweise aufgrund ihrer Ernsthaftigkeit zu klassifizieren und darauf aufbauend adäquat zu reagieren. Die Unterstützung und Beratung der schulischen Krisenpräventionsteams durch Polizei und psychologisches Fachpersonal ist empfehlenswert.

Intervision und Supervision

Wenn Lehrkräfte, Sozialpädagoginnen, Sozialpädagogen und andere Personen, die Umgang mit Kindern und Jugendlichen haben, den Eindruck bekommen, dass das Klima an der Schule destruktiv ist und/oder einzelne Schülerinnen und Schüler ein großes Aggressionspotential entwickeln, sollten sie nicht davor zurückschrecken, ihren Verdacht mit Kolleginnen und Kollegen zu besprechen. Im Team können fundiertere Entscheidungen getroffen und Präventionsmaßnahmen geplant werden.

Verbesserung des Schulklimas und Abbau von Risikofaktoren

Gemeinsame Normen- und Wertesysteme schaffen

Es muss unbedingt verhindert werden, dass Leakings nicht offenbar werden, weil die Gleichaltrigen, denen gegenüber sich die Täterinnen oder Täter diesbezüglich geäußert haben, fürchten, sie würden einen Ehrenkodex verletzen, wenn sie sich an Eltern oder Lehrpersonal wenden. Empfehlenswert ist hierbei, wenn in einer Art Hausordnung festgelegt wird, dass Gewalt und Gewaltandrohungen inakzeptabel sind und, zum Schutz aller, weitergemeldet werden müssen.

Empathie fördern und Mobbing eindämmen

Es besteht eine Vielzahl von Projekten und Übungen zur Förderung von Empathie und Hilfsbereitschaft, zur Prävention von Gewalt und Aggression und zum Abbau von Mobbing. In der Regel steht im Fokus der Übungen, sich in andere – reale oder fiktive – Personen hineinzuversetzen, ihre Perspektive zu übernehmen und ihre Motive zu verstehen. Zudem wird üblicherweise geübt, gewaltfreie Lösungen für unterschiedliche Konfliktsituationen zu finden.

Peer-Mediation

Peer-Mediation kann ein zielführendes Mittel zur Gewaltprävention und Konfliktregelung darstellen. Schülerinnen und Schüler werden dabei, etwa im Rahmen eines Freifaches, zu Peer-Mediatorinnen und Peer-Mediatoren ausgebildet, die im Falle von Streits zwischen den Parteien vermitteln.

Druck abbauen und individuelle Stärken anerkennen

Obwohl die Institution Schule immer auch eine Beurteilungsinstanz darstellt, kann das Schulpersonal viel dazu beitragen, auch Schülerinnen und Schülern, die den klassischen Leistungsidealen nicht entsprechen können, einen positiven Selbstwert und ein starkes Gefühl der Selbstwirksamkeit zu vermitteln. Auf individuelle Schwächen einzugehen, aber auch individuelle Stärken beispielsweise im musikalischen, sportlichen oder technischen Bereich hervorzuheben, kann den Leistungsdruck, unter dem Heranwachsende stehen, mindern.

Professioneller Umgang mit Gewaltdrohungen

Aufklärung über die juristischen Folgen von Amokdrohungen

Die Verringerung der Anzahl an Amokdrohungen erleichtert es der Schule und der Exekutive, umsetzungsorientierte Drohungen herauszufiltern, auf die tatsächlich

Taten folgen könnten. Wenn Jugendliche sachlich über die juristischen Folgen einer (Amok-)Drohung aufgeklärt werden, könnten „leere" Drohungen, z.B. aufgrund vorübergehender Frustration, Vermeidungsstrategien oder auch aufgrund einer Mutprobe, vermieden werden.

Drohungen ernstnehmen

Nur in den seltensten Fällen ist eine Amokdrohung umsetzungsorientiert. Dennoch sind solche Drohungen immer ein Ausdruck starker Aggression und Verzweiflung, weshalb darauf reagiert werden muss. Sollten die betreffenden Schülerinnen und Schüler identifiziert werden können, ist diesen Hilfe zu verschaffen: Den Beteiligten muss klar sein, dass die Personen zu diesem Zeitpunkt noch keine Täterinnen und Täter sind, sondern verzweifelte Heranwachsende, die eine extreme Form eines Hilfeschreis gewählt haben. Doch auch, wenn die Drohung anonym erfolgte, müssen Präventionsmaßnahmen ergriffen werden. Wichtig ist, dabei die Kommunikation mit der Schulgemeinschaft nicht zu vernachlässigen, um Panik zu vermeiden: Gerade, wenn die Drohung in sozialen Medien erfolgte, ist sehr wahrscheinlich, dass sie sehr bald viral wird und die SchülerInnen und Schüler ohnehin davon erfahren.

Systemisch-strukturelle Veränderungen

Der Einfluss der Sozialpädagogik ist begrenzt. Effektive und vorausschauende Prävention erfordert auch Verhaltensänderungen vonseiten der politischen, medialen und anderen Akteurinnen und Akteure:

Zurückhaltende Berichterstattung in Massenmedien

Starkes Medieninteresse kann zu Nachahmungstaten motivieren. Obwohl klassische Medien nicht umhinkommen werden, über schulbezogene Amokläufe zu berichten, sind sie angehalten, dies distanziert zu tun, ohne dabei Namen zu nennen und über die Motive der Amokläuferin oder des Amokläufers zu spekulieren, um potentiellen Nachahmerinnen und Nachahmern keine Basis zu geben, diese oder diesen zu bemitleiden oder zu heroisieren. Wenn persönliche Geschichten nicht vermieden werden können, sollten diese auf die Opfer fokussieren.

Screening in sozialen Medien

Soziale Medien gewinnen gegenüber den klassischen Massenmedien immer mehr Bedeutung, was die Aufarbeitung und Verbreitung von Information betrifft. Es sind daher Maßnahmen zu ergreifen, damit oben genannte Verhaltensregeln betreffend die Berichterstattung auch weitgehend in sozialen Medien eingehalten werden. Zudem müssen Bemühungen gezeigt werden, um subtile oder offene Gewaltdrohungen ausfindig zu machen und darauf zu reagieren.

Jugendmedienschutz

Gewalthaltige bzw. gewaltverherrlichende Filme, Videospiele und Computerspiele können die Hemmschwelle zu töten senken. Dies belegt die Notwendigkeit einer starken Revision der Inhalte in Spielen und Filmen sowie einer darauf basierenden Entscheidung über die Altersfreigabe. Allerdings ist es für Heranwachsende ein Einfaches, an Medien zu gelangen, die nicht ihrem Alter entsprechen, und diese auf ihrem Computer oder Handy zu verbergen. Vorstellbar ist zudem, dass eine Indizierung von Spielen und Filmen den Beschaffungsanreiz bei gefährdeten Jugendlichen sogar zusätzlich erhöht. Während Heranwachsende also nicht gänzlich von gewalthaltigen Medien ferngehalten werden können, kann es zielführend sein, mit ihnen über das Gesehene bzw. Erlebte zu reflektieren.

Medienkompetenz vonseiten der Erziehungsberechtigten

Das Internet bietet Heranwachsenden zahlreiche Möglichkeiten, an gewalthaltige Inhalte, aber auch an Anleitungen zur Herstellung von Sprengkörpern und Waffen, zur Beschaffung illegaler Materialien und zur effektiven Selbst- oder Fremdtötung zu gelangen. Um dies zu verhindern sowie auch um Cybermobbing gezielt zu unterbinden, ist die soziale Kontrolle vonseiten der Erziehungsberechtigten unbedingt erforderlich. Derzeit weiß nur jede bzw. jeder fünfte Erziehungsberechtigte, was ihre Kinder im Internet eigentlich machen (vgl. Himmelrath, Neuhäuser, 2014, S.81). Auch Personen, die nicht mit der Omnipräsenz von internetfähigen Computern und mobilen Endgeräten aufgewachsen sind, sollten daher gezielt in Medienkompetenz geschult und auf potentielle Problematiken hin sensibilisiert werden.

Verstärkte Waffenkontrolle

Der Gebrauch von tödlichen Waffen könnte potentiell durch eine striktere Waffengesetzgebung eingedämmt werden. Denkbar wäre etwa, diese verstärkt auch auf Hieb- oder Stichwaffen anzuwenden, den Erwerb der Waffenbesitzkarte an stärkere Auflagen zu binden oder auch den Besitz von Waffen der Kategorien C und D vom Vorhandensein einer Waffenbesitzkarte abhängig zu machen. Um die Zahl illegaler Waffen zu reduzieren, wurden in der Vergangenheit Generalamnestien bewilligt, insofern die Waffen freiwillig abgegeben bzw. registriert wurden. Himmelrath und Neuhäuser (2014, S.199) stellen weitere Möglichkeiten der Waffenkontrolle dar, so z.B. *„unangekündigte, stichprobenartige Untersuchungen in privaten Haushalten nach Erwerb eines Waffenscheins und die Androhung von Sanktionen bei unsachgemäßer Aufbewahrung"*.

Weiterführende Forschung

Nicht zuletzt ist auch die Forschung gefragt: Best-Practice-Analysen und fundiertes Wissen darüber, auf welche Leakings geachtet werden sollte, welche Täterinnen- bzw. Täterpersönlichkeiten es gibt, wie mit Amokdrohungen umzugehen ist, wie Gewalt an Schulen generell eingedämmt werden kann und welche Präventionsmaßnahmen kurz-, mittel- und langfristig wirksam sind, sind die Basis jeglicher Strategie zur Krisenprävention und -intervention.

7 Zusammenfassung

Eine systematische, hermeneutisch-themenanalytische Darstellung der Fach- und Forschungsliteratur gab Aufschluss darüber, wodurch School Shootings verursacht werden und wie diese daher bestmöglich verhindert werden können.

School Shootings bzw. schulbezogene Amokläufe stellen Delikte mit Tötungsabsicht dar, bei denen mindestens eine Täterin bzw. mindestens ein Täter persönlich innerhalb eines abgegrenzten Tatereignisses mehrere, mehr oder minder zufällige Opfer zu töten versucht. Täterin bzw. Täter, Opfer, Tatort und Tatmotiv weisen dabei einen Schulbezug auf. Im Zeitraum vom 01.01.1997 bis zum 31.12.2016 wurden 60 solcher School Shootings medial dokumentiert. Obwohl diese in 17 verschiedenen Ländern auf 6 Kontinenten stattfanden, zentrieren sich die Vorfälle sehr stark auf die USA.

Verursachende und auslösende Faktoren beeinflussen, komplex wechselwirkend, das Vorkommen dieser extremen Gewaltform auf unterschiedlichen Ebenen. Der gesellschaftlich-strukturelle Rahmen bedingt, inwiefern Gewalt als eine (legitime) Option der Konfliktlösung betrachtet wird. Einfluss hat hierbei etwa, wie liberal die Waffengesetzgebung ist, wie stark gewaltverherrlichende Medien konsumiert werden und wie sehr Gewalt, z.B. in sportlichen Wettkämpfen oder kriegerischen Auseinandersetzungen, gesellschaftliche Akzeptanz erfährt. Zudem kann die mediale Aufmerksamkeit in Anschluss an ein solches Verbrechen zu Nachahmungstaten motivieren. Ob eine Person jedoch tatsächlich zu Gewalt greift, hängt auch von individuellen Prädispositionen, Eigenschaften und psychopathologischen Syndromen sowie von der sozialen Situation, z.B. in Familie, Schule oder Peergroup, ab.

Präventive Maßnahmen sollten zuallererst darauf abzielen zu verhindern, dass Personen überhaupt in eine Spirale der Aggressivität und Gewalt rutschen. Hierzu ist eine Verbesserung des Schulklimas essentiell. Dies kann den Abbau von Leistungsdruck und Mobbing ebenso wie die Förderung von Beziehungen zwischen den Schülerinnen und Schülern bedeuten. Ferner kann der Schulunterricht genutzt werden, um auch soziale Kompetenzen, z.B. Strategien zur gewaltfreien Problem- und Konfliktlösung, zu vermitteln. Ebenso bedeutsam ist aber, Schulpersonal darin zu schulen, etwaige Warnhinweise zu erkennen, diese aufgrund ihrer Ernsthaftigkeit zu kategorisieren und schnell und effektiv zu reagieren.

Die Wirksamkeit jeglicher Strategie zur Prävention von schulbezogenen Amokläufen hängt insgesamt davon ab, dass ganzheitlich, auf unterschiedlichen Ebenen und vonseiten unterschiedlicher Akteurinnen und Akteure gehandelt wird.

Anhang

Quellenverzeichnis

Fachliteratur

Adler, Lothar, (2000). Amok. Eine Studie. München: Belleville

Adler, Lothar, (2009). Amok und extreme Gewalt an Schule. Neutransmitter, 10, S.17-24

Anderson, Craig A., Bushman, Brad J., (2001). Effects of Violent Video Games on Aggressive Behavior, Aggressive Cognition, Affect, Physiological Arousal, and Prosocial Behavior. A Meta-Analytic Review of the Scientific Literature. Psychological Science, 12/5, S.353-359

Aronson, Elliot, Wilson, Timothy D., Akert, Robin M., (2008). Sozialpsychologie. München: Pearson

Autrata, Otger, Scheu, Bringfriede, (2008). Soziale Arbeit. Eine paradigmatische Bestimmung. Berlin: Springer

Bannenberg, Britta, (2010). Amok. Ursachen erkennen, Warnsignale verstehen, Katastrophen verhindern. Gütersloh: Gütersloher Verlagshaus

Blandow, Rolf, Knabe, Judith, Ottersbach, Markus, (2012). Die Zukunft der Gemeinwesenarbeit. Von der Revolte zur Steuerung und zurück? Berlin: Springer

Böckler, Nils, Seeger, Thorsten, (2010). Schulamokläufer. Eine Analyse medialer Täter-Eigendarstellungen und deren Aneignung durch jugendliche Rezipienten. Weinheim/München: Juventa

Bödecker, Florian, (2004). Der Amoklauf von Erfurt. Widersprüche eines öffentlichen Diskurses. In Horn, Hanna, Schröter, Burkhard, Bödecker, Florian (Hg.), Schüler außer Kontrolle. Amoklauf und School-Shooting (S.81-261). Norderstedt: Science Factory

Bondü, Rebecca, (2010). School Shootings in Deutschland. Internationaler Vergleich, Warnsignale, Risikofaktoren, Entwicklungsverläufe. Dissertation im Fachbereich Erziehungswissenschaft und Psychologie der Freien Universität Berlin. Berlin

Bonfadelli, Heinz, Friemel, Thomas N., (2017). Medienwirkungsforschung. Stuttgart: UTB

Borchgrevink, Aage, (2013). A Norwegian Tragedy. Anders Behring Breivik and the Massacre on Utøya. Cambridge: Polity

Borum, Randy, Cornell, Dewey G., Modzeleski, William, & Jimerson, Shane R., (2010). What Can Be Done About School Shootings? A Review of the Evidence. Educational Researcher, 39/1, S.27-37

Braun, Andreas, (2015). Campus Shootings. Amok an Universitäten als nichtintendierte Nebenfolge der Hochschulreform. Bielefeld: Transcript

Brumme, Robert, (2011). School Shootings. Soziologische Analysen. Wiesbaden: Verlag für Sozialwissenschaften

Burgess, Ann W., Regehr, Cheryl, Roberts, Albert R., (2011). Victimology. Theories and Applications. Sudbury: Jones & Bartlett Publishers

Chyi, Hsiang I., McCombs, Maxwell, (2004). Media Salience and the Process of Framing: Coverage of the Columbine School Shootings. Journalism & Mass Communication Quarterly, 81/1, S.22-35

Cierpka, Manfred, (2005). Faustlos. Wie Kinder Konflikte gewaltfrei lösen lernen. Wien: Herder

Coleman, Loren, (2004). The Copycat Effect. How the Media and Popular Culture Trigger the Mayhem in Tomorrow's Headlines. New York City: Simon and Schuster

Crews, Gordon A., (2016). Critical Examinations of School Violence and Disturbance in K-12 Education. Hershey: IGI Global

Douglas, John E., Burgess, Ann W., Burgess, Allen G., Ressler, Robert K., (2011). Crime Classification Manual. A Standard System for Investigating and Classifying Violent Crimes. San Francisco: John Wiley & Sons

Engels, Holger, (2007). Das School Shooting von Emsdetten – der letzte Ausweg aus dem Tunnel!? In Hoffmann, Jens, Wondrak, Isabel (Hg.), Amok und zielgerichtete Gewalt an Schulen. Früherkennung, Risikomanagement, Kriseneinsatz, Nachbetreuung (S.35-56). Frankfurt: Verlag für Polizeiwissenschaft

Faust, Benjamin, (2010). School-Shooting. Jugendliche Amokläufer zwischen Anpassung und Exklusion. Berlin: Psychosozial-Verlag

Faust, Volker, (2016). Von Amok bis Zwang. Band 4. Landsberg am Lech: ecomed-Storck

Finley, Laura, (2014). School Violence. A Reference Handbook. Santa Barbara: ABC-CLIO

Fröhlich-Gildhoff, Klaus, (2006). Freiburger Anti-Gewalt-Training (FAGT). Ein Handbuch. Stuttgart: W. Kohlhammer Verlag

Froschauer, Ulrike, Lueger, Manfred, (2009). Interpretative Sozialforschung. Der Prozess. Stuttgart: UTB

Gehl, Günter, (2011). Amok. Weimar: Bertuch

Gliner, Jeffrey A., Morgan, George A., Leech, Nancy L., (2011). Research Methods in Applied Settings: An Integrated Approach to Design and Analysis. London: Routledge

Gray, Shani P., (2007). Mississippi Burning. In Bailey, Frankie Y., Chermak, Steven (Hg.), Crimes and Trials of the Century (S. 247-268). Santa Barbara: ABC-CLIO

Grzeszyk, André, (2014). Unreine Bilder. Zur medialen (Selbst-)Inszenierung von School Shootern. Bielefeld: Transcript

Himmelrath, Armin, Neuhäuser, Sarah, (2014). Amokdrohungen und School-Shootings. Vom Phänomen zur praktischen Prävention. Bern: Hep Verlag

Hoffmann, Jens, (2007). Tödliche Verzweiflung – der Weg zu zielgerichteten Gewalttaten an Schulen. In Hoffmann, Jens, Wondrak, Isabel (Hg.), Amok und zielgerichtete Gewalt an Schulen. Früherkennung, Risikomanagement, Kriseneinsatz, Nachbetreuung (S.25-34). Frankfurt: Verlag für Polizeiwissenschaft

Hoffmann, Jens, Wondrak, Isabel, (Hg.), (2007). Amok und zielgerichtete Gewalt an Schulen. Früherkennung, Risikomanagement, Kriseneinsatz, Nachbetreuung. Frankfurt: Verlag für Polizeiwissenschaft

Hogg, Michael A., Vaughan, Graham M., (2008). Social Psychology. Edinburgh: Pearson

Horn, Hanna, (2012). Amoklauf. Warum gerade an Schulen? In Horn, Hanna, Schröter, Burkhard, Bödecker, Florian (Hg.), Schüler außer Kontrolle. Amoklauf und School-Shooting (S.7-58). Norderstedt: Science Factory

Horn, Hanna, (2013). Amoklauf. Warum begehen Jugendliche in Schulen Amokläufe? Koblenz: Diplomarbeiten-Agentur

Horn, Hanna, Schröter, Burkhard, Bödecker, Florian, (Hg.), (2012). Schüler außer Kontrolle. Amoklauf und School-Shooting. Norderstedt: Science Factory

Huck, Wilfried, (2012). Amok. School Shooting und zielgerichtete Gewalt. Berlin: Medizinisch Wissenschaftliche Verlagsgesellschaft

Imbusch, Peter, (2010). Jugendliche als Täter und Opfer von Gewalt. Berlin: Springer

Karenberg, Axel, (2005). Amor, Äskulap & Co. Klassische Mythologie in der Sprache der modernen Medizin. Stuttgart: Schattauer

Kimmel, Michael S., Mahler, Matthew, (2003). Adolescent Masculinity, Homophobia, and Violence: Random School Shootings, 1982-2001. American Behavioral Scientist, 46/10, S.1439-1458

Larkin, Ralph W., (2007). Comprehending Columbine. Philadelphia: Temple University Press

Leary, Mark R., Kowalski, Robin M., Smith, Laura, Phillips, Stephen, (2003). Teasing, Rejection, and Violence: Case Studies of the School Shootings. Aggressive Behavior, 29/3, S.202-214

Lines, Dennis, (2008). The Bullies. Understanding Bullies and Bullying. Philadelphia: Jessica Kingsley Publishers

Meier, Bernd-Dieter, (2010). Kinder im Unrecht. Junge Menschen als Täter und Opfer. Münster: LIT

Muschert, Glenn W., Henry, Stuart, Bracy, Nicole L., Peguero, Anthony A., (2014). Responding to School Violence. Confronting the Columbine Effect. Boulder: Lynne Rienner Publishers

Muschert, Glenn W., Peguero, Anthony A., (2010). The Columbine Effect and School Antiviolence Policy. In Burns, Stacy Lee, Peyrot, Mark (Hg.), New Approaches to Social Problems Treatment (S.117-148). Bingley: Emerald Publishing

Muschert, Glenn W., Sumiala, Johanna, (2012). School Shootings. Mediatized Violence in a Global Age. Bingley: Emerald Group Publishing

Pieper, Georg, (2007). Der Amoklauf am Gutenberggymnasium in Erfurt. In Hoffmann, Jens, Wondrak, Isabel (Hg.), Amok und zielgerichtete Gewalt an Schulen. Früherkennung, Risikomanagement, Kriseneinsatz, Nachbetreuung (S.107-127). Frankfurt: Verlag für Polizeiwissenschaft

Pollmann, Elsa, (2008). Tatort Schule. Wenn Jugendliche Amok laufen. Marburg: Tectum

Rammrath, Hanns E., (2007). Öffentlichkeitsarbeit von Krisenteams nach dramatischen Ereignissen an Schulen und Hochschulen. In Hoffmann, Jens, Wondrak, Isabel (Hg.), Amok und zielgerichtete Gewalt an Schulen. Früherkennung, Risikomanagement, Kriseneinsatz, Nachbetreuung (S.87-92). Frankfurt: Verlag für Polizeiwissenschaft

Rauschenberger, Katharina, Konitzer, Werner, (2015). Antisemitismus und andere Feindseligkeiten. Interaktionen von Ressentiments. Frankfurt am Main: Campus Verlag

Robertz, Frank J., (2004). School Shootings. Über die Relevanz der Phantasie für die Begehung von Mehrfachtötungen durch Jugendliche. Frankfurt: Verlag für Polizeiwissenschaft

Robertz, Frank J., (2007a). Erfurt. 5 Jahre danach. In Hoffmann, Jens, Wondrak, Isabel (Hg.), Amok und zielgerichtete Gewalt an Schulen. Früherkennung, Risikomanagement, Kriseneinsatz, Nachbetreuung (S.9-24). Frankfurt: Verlag für Polizeiwissenschaft

Robertz, Frank J., (2007b). Nachahmung von Amoklagen. Über Mitläufer, Machtphantasien und Medienverantwortung. In Hoffmann, Jens, Wondrak, Isabel (Hg.), Amok und zielgerichtete Gewalt an Schulen. Früherkennung, Risikomanagement, Kriseneinsatz, Nachbetreuung (S.71-86). Frankfurt: Verlag für Polizeiwissenschaft

Robertz, Frank J., Wickenhäuser, Ruben, (2010). Der Riss in der Tafel. Amoklauf und schwere Gewalt in der Schule. Berlin: Springer

Röthlein, Hans J., (2007). Auswirkungen von Morddrohungen und Mordanschlägen auf die berufliche Identität von Lehrkräften. In Hoffmann, Jens, Wondrak, Isabel (Hg.), Amok und zielgerichtete Gewalt an Schulen. Früherkennung, Risikomanagement, Kriseneinsatz, Nachbetreuung (S.93-106). Frankfurt: Verlag für Polizeiwissenschaft

Schäfer, Mechthild, Sandfuchs, Uwe, Daschner, Peter, Schubarth, Wilfried, (2014). Handbuch Aggression, Gewalt und Kriminalität bei Kindern und Jugendlichen. Stuttgart: UTB

Schechter, Harold, (2012). The A to Z Encyclopedia of Serial Killers. New York City: Simon and Schuster

Scheithauer, Herbert, Bondü, Rebecca, (2011). Amoklauf und School Shooting. Bedeutung, Hintergründe und Prävention. Göttingen: Vandenhoeck & Ruprecht

Schildkraut, Jaclyn, Elsass, Jaymi, (2016). Mass Shootings. Media, Myths and Realities. Santa Barbara: ABC-CLIO

Schreiner, Julia, (2003). Jenseits vom Glück. Suizid, Melancholie und Hypochondrie in deutschsprachigen Texten des späten 18. Jahrhunderts. Berlin: Walter de Gruyter

Schröter, Burkhard, (2011). Amoklaufende Jugendliche. Eine zunehmende Gefahr oder übertriebene Hysterie? In Horn, Hanna, Schröter, Burkhard, Bödecker, Florian (Hg.), Schüler außer Kontrolle. Amoklauf und School-Shooting (S.59-80). Norderstedt: Science Factory

Schultze-Krumbholz, Anja, Scheithauer, Herbert, Zagorscak, Pavle, (2012). Medienhelden. Unterrichtsmaterial zur Förderung von Medienkompetenz und Prävention von Cybermobbing. Basel: Reinhardt

Seidel, Jens, (2013). Tag der Abrechnung. Amoklauf an Schulen. Die Psyche der jungen Täter verstehen & Signale erkennen. Keine Ortsangabe: Eigenverlag

Sneider, Robert, (2013). SSTOP. School Shooter Threat Onset Predictive. The Pathology of Bullying, Violence in Schools and the School Shooter Syndrome. Houston: Strategic Book Publishing

Sticca, Fabio, Perren, Sonja, (2013). Is Cyberbullying Worse than Traditional Bullying? Examining the Differential Roles of Medium, Publicity, and Anonymity for the Perceived Severity of Bullying. Journal of Youth and Adolescence, 42(5), S.739-750

Tauber, Robert T., (2007). Classroom Management. Sound Theory and Effective Practice. Westport: Greenwood Publishing

Turvey, Brent E., (2013). Forensic Victimology. Examining Violent Crime Victims in Investigative and Legal Contexts. London: Academic Press

Van Brunt, Brian, (2012). Ending Campus Violence. New Approaches to Prevention. London: Routledge

Verlinden, Stephanie, Hersen, Michel, Thomas, Jay, (2000). Risk Factors in School Shootings. Clinical Psychology Review, 20/1, S.3-56

Volland, Gerd, Gerstner, Martin, (2007). Amok – (k)ein Kinderspielt? Erfahrungen mit der Umsetzung der Gesamtkonzeption „Amok" beim Polizeipräsidium Karlsruhe / Baden-Württemberg. In Hoffmann, Jens, Wondrak, Isabel (Hg.), Amok und zielgerichtete Gewalt an Schulen. Früherkennung, Risikomanagement, Kriseneinsatz, Nachbetreuung (S.57-70). Frankfurt: Verlag für Polizeiwissenschaft

World Health Organization, (1991). Internationale Klassifikation psychischer Störungen: ICD-10, Kapitel V (F, klinisch-diagnostische Leitlinien. Bern: Huber

Winegarner, Beth, (2013). The Columbine Effect. How Five Teen Pastimes Got Caught in the Crossfire and Why Teens Are Taking Them Back. Morrisville: Lulu Enterprises Incorporated

Wolfersdorfer, Manfred, Etzersdorfer, Elmar, (2011). Suizid und Suizidprävention. Stuttgart: Kohlhammer

Ziegler, Walther, Hegerl, Ulrich, (2002). Der Werther-Effekt. Nervenarzt, 1, S.41-49

Medien- und sonstige Beiträge

Brinkbäumer, Klaus, Cziesche, Dominik, Hoppe, Ralf, Kurz, Felix, Meyer, Cordula, Repke, Irina, Röbel, Sven, Smoltczyk, Alexander, Wassermann, Andreas, Winter, Steffen, (2002). Das Spiel seines Lebens. Der Spiegel, 19, S.118-144

Clarke, Rachel, (2003). Video Games Back in US Dock. BBC News. news.bbc.co.uk/2/hi/technology/3104892.stm, 01.12.17

Glaberson, William, (2000). When Grief Wanted a Hero, Truth Didn't Get in the Way. The New York Times. www.nytimes.com/2000/07/25/us/when-grief-wanted-a-hero-truth-didn-t-get-in-the-way.html, 30.09.2017

Oehrlein, Josef, (2011). „Ich werde euch töten." Amoklauf in Río. Frankfurter Allgemeine. www.faz.net/aktuell/gesellschaft/kriminalitaet/amoklauf-in-rio-ich-werde-euch-toeten-1627810.html, 30.09.2017

Rhue, Morton, (2012). Ich knall euch ab! Ravensburg: Ravensburger Buchverlag

Schnabel, Konrad, (2002). Unsere Schule ruft Gegengewalt hervor. www.zeit.de/2002/20/200220_i-edelstein_xml, 31.10.17

Thalhammer, Anna, (2017). Die Nachfrage nach Faustfeuerwaffen wächst. Die Presse. diepresse.com/home/panorama/oesterreich/5148486/Die-Nachfrage-nach-Faustfeuerwaffen-waechst, 01.12.17

Abbildungsverzeichnis

Abbildung 1: Tatorte der School Shootings (1997-2016) nach Kontinent 9
Abbildung 2: School Shootings und deren Todesopfer pro Jahr (1997-2016) 11
Abbildung 3: Ursachen und Auslöser der Gewalteskalation im Überblick 12

Anhang

Tabellarischer Überblick über dokumentierte School Shootings

Tabelle 1 stellt sämtliche School Shootings der Jahre 1997 bis 2016 dar, die in den auffindbaren englisch- oder deutschsprachigen Quellen dokumentiert wurden. Da die Fach- und Forschungsliteratur keinen vollständigen Überblick über schulbezogene Amokläufe gibt, wurde diese durch eine systematische Suche nach Medienbeiträgen in Online-Datenbanken, Online-Enzyklopädien und Meta-Suchmaschinen ergänzt. Die manuelle Suche umfasste auch die Online-Enzyklopädie www.infoplease.com [30.11.2017], in der sich u.a. Nachrichtenbeiträge aus verschiedenen Massenmedien befinden. Natürlich muss daher beachtet werden, dass die interne Validität der untenstehenden Tabelle nicht mit jener von Fach- und Forschungsliteratur mithalten kann; die Auflistung hat jedoch einen hohen illustrativen Wert.

Datum	Ort	Todesopfer[13]	Täterinnen / Täter
19.02.1997	Bethel, USA	2 (2 verletzt)	Evan Ramsey, 16
01.03.1997	Sanaa, Jemen	8	Mohammad Ahman al-Nazari, 48
08.03.1997	Kamyshin, Russland	6 (2 verletzt)	Sergei Lepnev, 18
01.10.1997	Pearl, USA	2 (7 verletzt)	Luke Woodham, 16
01.12.1997	West Paducah, USA	3 (5 verletzt)	Michael Carneal, 14
15.12.1997	Stamps, USA.	0 (2 verletzt)	Colt Todd, 14
24.03.1998	Jonesboro, USA	5 (10 verletzt)	Mitchell Johnson, 13, Andrew Golden, 11
24.04.1998	Edinboro, USA	1 (2 verletzt)	Andrew Wurst, 14
21.05.1998	Springfield, USA	4 (22 verletzt)	Kip Kinkel, 15
15.06.1998	Richmond, USA	0 (2 verletzt)	Quinshawn Booker, 14
20.04.1999	Littleton, USA	15 (23 verletzt)	Eric Harris, 18, und Dylan Klebold, 17
28.04.1999	Taber, Kanada	1 (1 verletzt)	Todd C. Smith, 14
20.05.1999	Conyers, USA	0 (6 verletzt)	Thomas Solomon, 15
10.07.1999	Ile-Ife, Nigeria	8 (11 verletzt)	Black Axe Confraternity
06.12.1999	Fort Gibson, USA	0 (4 verletzt)	Seth Trickey, 13

---

[13] Entgegen dem medialen Usus werden im Folgenden, insofern die vorhandenen Informationen dies zuließen, auch die Täterinnen und Täter selbst zu den Todesopfern gezählt, wenn sie, i.d.R. durch Suizid oder einen Schusswechsel mit der Polizei, während des Tatverlaufs den Tod fanden.

Anhang

Datum	Ort	Todesopfer[13]	Täterinnen / Täter
07.12.1999	Veghel, Niederlande	0 (4 verletzt)	Schüler, 17
16.03.2000	Brannenburg, Deutschland	1	Michael F., 16
10.03.2000	Savannah, USA	2	Darrell Ingram, 19
05.03.2001	Santee, USA	2 (13 verletzt)	Charles A. Williams, 15
22.03.2001	Granite Hills, USA	0 (4 verletzt)	Jason Hoffman, 18
16.01.2002	Grundy, USA	3 (3 verletzt)	Peter Odighizuwa, 43
19.02.2002	Freising, Deutschland	4	Adam Labus, 22
26.04.2002	Erfurt, Deutschland	18 (15 verletzt)	Robert Steinhäuser, 19
29.04.2002	Vlasenica, Bosnien	2 (1 verletzt)	Dragoslav Petkovic, 17
26.09.2002	Lanzhou, China	2 (2 verletzt)	Yang Zhengming, 40
21.10.2002	Melbourne, Australien	2 (5 verletzt)	Huan Yun Xiang, 36
28.10.2002	Tucson, USA	4	Robert S. Flores, 41
06.06.2003	Nakhon Si Thammarat, Thailand	2 (4 verletzt)	Anatcha Boonkwan, 17
03.07.2003	Coburg, Deutschland	1 (2 verletzt)	Florian K., 16
28.09.2004	Carmen de Patagones, Argentinien	3 (6 verletzt)	Rafael Solich, 15
21.03.2005	Red Lake, USA	10 (weitere verletzt)	Jeff Weise, 16
05.10.2005	Guangde, China	18	Liu Shibing, 34
08.11.2005	Jacksboro, USA	1 (2 verletzt)	Kenneth Bartley, 14
13.09.2006	Montreal, Kanada	1 (16 verletzt)	Kimveer Gill, 25
20.11.2006	Emsdetten, Deutschland	1 (37 verletzt)	Sebastian B., 18
03.10.2006	Nickel Mines, USA	6 (4 verletzt)	Carl C. Roberts IV, 32
16.04.2007	Blacksburg, USA.	33 (15 verletzt)	Cho Seung-Hui, 23
10.10.2007	Cleveland, USA	0 (4 verletzt)	Asa H. Coon, 14
07.11.2007	Tuusula, Finnland	9 (10 verletzt)	Pekka-E. Auvinen, 18
09.12.2007	Arvada, USA	5 (5 verletzt)	Matthew J. Murray, 24
08.02.2008	Baton Rouge, USA	3	Latina Williams, 23
14.02.2008	DeKalb, USA	6 (17 verletzt)	Stephen P. Kazmierczak, 27

Datum	Ort	Todesopfer[13]	Täterinnen / Täter
23.09.2008	Kauhajoki, Finnland	10 (weitere verletzt)	Matti J. Saari, 22
11.03.2009	Winnenden, Deutschland	15 (weitere verletzt)	Tim Kretschmer, 17
10.04.2009	Athen, Griechenland	1 (3 verletzt)	Dimitris Patmanidis, 19
30.04.2009	Baku, Azerbaijan	12 (13 verletzt)	Farda Gadirov, 29
17.09.2009	Ansbach, Deutschland	0 (10 verletzt)	Georg R., 18
26.11.2009	Pécs, Ungarn	1 (3 verletzt)	Pharmazie-Student, 23
05.01.2011	Omaha, USA	3 (2 verletzt)	Robert Butler, 17
07.04.2011	Rio de Janeiro, Brasilien	12 (16 verletzt)	Wellington M. de Oliveira, 23
27.02.2012	Chardon, USA	3 (6 verletzt)	Thomas M. Lane III, 19
02.04.2012	Oakland, USA	7 (mehrere verletzt)	One Goh, 43
14.12.2012	Newtown, USA	27 (mehrere verletzt)	Adam Lanza, 20
03.02.2014	Moskau, Russland	2 (2 verletzt)	Sergey Gordeyev, 15
05.06.2014	Seattle, USA	1 (2 verletzt)	Aaron Ybarra, 26
24.10.2014	Marysville, USA	2 (3 verletzt)	Jaylen R. Fryberg, 15
01.10.2015	Roseburg, USA	9 (7 verletzt)	Chris H. Mercer, 26
22.01.2016	La Loche, Kanada	4 (7 verletzt)	Schüler, 17
23.04.2016	Antigo, USA	0 (4 verletzt)	Jakob Wagner, 18
28.09.2016	Townville, USA	2 (2 verletzt)	Jesse Osborne, 14
18.10.2016	San Francisco, USA	0 (4 verletzt)	4 männliche Schüler

Tabelle 1: Überblick über dokumentierte School Shootings von 1997 bis 2016
Quelle: Adler, 2009, S.17ff; Crews, 2016, S.1ff; Faust, 2010, S.153ff; Himmelrath, Neuhäuser, 2014, S.13ff; Horn, 2012, S.18ff; Pollmann, 2008, S.59; Robertz, 2004, S.62ff; Robertz, Wickenhäuser, 2010, S.14ff & Zeitungsberichte, anhand einer manuellen Suche, einer Datenbanksuche und der Online-Enzyklopädie www.infoplease.com [30.11.2017].